인생의 지혜가 담긴

111가지
이야기

인생의 지혜가 담긴
虚掩的门
111 가지 이야기

| 장지엔펑 지음 · 정우석 옮김 |

아라크네

인생의 지혜가 담긴 111가지 이야기

초판 1쇄 인쇄 2010년 7월 15일
초판 1쇄 발행 2010년 7월 25일

지은이 장지엔펑
옮긴이 정우석
펴낸이 김연홍
펴낸곳 아라크네

출판등록 1999년 10월 12일 제2-2945호
주소 121-865 서울시 마포구 연남동 224-57
전화 02-334-3887 팩스 | 02-334-2068

ISBN 978-89-92449-57-1 03300

지혜가 숨겨진 책

모든 사람들의 영혼 깊은 곳에는 아름다운 유년의 기억이 자리하고 있다. 밝게 빛나는 별빛 아래 엄마 혹은 할머니의 품에 기대어 들었던 그 이야기, 귀가 솔깃해지고 마음이 두근거렸으며 결국 푹 빠져들었던 그 이야기 말이다. 흉악한 늑대 이야기나 착한 신데렐라와 멋진 왕자 이야기 등등 우리는 그 다채로운 이야기를 들으며 꿈나라에 빠져들었고 무럭무럭 자라났다.

그런데 어른이 된 우리에게는 바쁘고 고된 일상만이 존재할 뿐이다. 어린 시절의 그 알록달록한 이야기들은 먼지로 덮인 채, 머릿속 어딘가에 방치되어 있다. 물론 자녀가 생기면 그제야 동화책을 사서는 이야기를 들려주며 기억의 먼지를 떨어내고 회상에 잠긴다.

비단 어린이에게만 이야기가 필요한 것은 아니다. 우리의 메마른 마음에도 사랑과 지혜로 가득한 맑은 샘물이 있어야 한다.

나는 직업상 성공한 인사들을 인터뷰할 기회가 많았고 그때마다 그들에게서 또 하나의 재산이 된 '이야기'를 들었다. 위기를 극복하거나 타인을 통해 깨달은 점이다. 오랫동안 전해 내려 온 우화나 동화 등이 그것이다. 그 소중한 이야기들은 신념과 지혜로 남아 그들의 성공에 큰 영향을 끼쳤다. 그들은 진실하고 생동감이 넘치는 그 이야기들을 다른 사람들에게 자주 들려주었으며, 그때마다 아주 긍정적인 작용을 했다고 말했다.

그런데 그 이야기들은 나 역시 이미 듣거나 읽어 본 적이 있는 것이었다. 하지만 엄청난 차이가 있었다. 그들은 그 이야기에서 성공의 힘을 찾았지만, 나는 그저 한 귀로 듣고 한 귀로 흘려버렸다.

이야기 안에는 지혜가 숨겨져 있다.

지혜란 무엇인가? 사전을 찾아보면 지혜란 판단하고 분석하며 발명하고 창조해내는 능력임을 알 수 있다. 하지만 나는 사전의 간결한 정의 외에도 지혜를 일종의 경지境地라고 생각한다. 그것은 마음속으로 깨달을 수는 있지만 말로는 전할 수 없다. 넓은 마음, 해박한 지식, 명석한 두뇌, 기지가 넘치는 반응, 민첩한 행동, 유머러스한 표현 속에 지혜가 숨어 있다. 사람마다, 시간과 장소에 따라, 사물마다 표현 방식이 다르듯 지혜에도 표준 답안은 없다. 어쩌면 지혜를 하나로 묘사하려는 것 자체가 헛수고일 것이다.

어릴 때부터 나는 이치와 도리에 대한 훈계를 끊임없이 듣고 자라 귀에 굳은살이 박일 지경이었다. 어른이 될 때까지 어머니와 선생님은 변함없는 말투와 표정으로 설교를 반복하셨지만 문을 나서는 순간 나는 들은 내용을 모두 잊어버렸다. 그런데 사람들에게서 들은 짧은 이야기는 바람이 스쳐지나가듯 무의식중에 내 영혼을 울렸고, 이야기 속의 지혜와 도리는 서서히 마음에 녹아들었다.

몇 년 전 들은 이야기도 있고 평범한 이야기도 있었지만, 편안한 마음으로 나의 경험과 더불어 세세하게 살펴보니 새로운 느낌이 들었다. 나는 그 이야기들을 이 책에 수록했다. 새롭고 훌륭한, 마치 바다 속에 숨겨진 보물처럼 작지만 큰 이야기들을 독자 여러분에게 선사하고자 노력했다. 편안한 마음으로 읽고 새로운 느낌으로 유쾌하게 즐기다 보면 어느 순간 마음의 등을 밝힐 수 있을 것이다.

장지엔펑

CONTENTS

1장

배려가 불러온 기적

2장

인생 최고의 교육

CONTENTS

CONTENTS

3장

사랑도 지나치면 독이 된다

4장

믿음이 가진 힘

CONTENTS

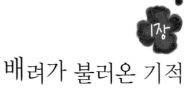

배려가 불러온 기적

상인의 기지 奇智

한 상인이 장성한 아들과 함께 배를 타고 외국으로 여행을 떠났다. 명목상으로는 여행이었지만 사실 부자父子의 여행 상자에는 보물이 가득했다. 비밀리에 가지고 나가 여행길에 팔려는 계획이었다.

그러던 어느 날, 상인이 우연히 선원들끼리 주고받는 비밀 대화를 엿듣게 되었다. 상인의 보물을 발견한 선원들이 상인 부자를 암살하고 보물을 차지할 계획을 짜고 있었던 것이다. 깜짝 놀란 상인은 방으로 돌아와 안절부절 못하며 이 곤경에서 벗어날 방법을 궁리했다. 상인에게서 자초지종을 들은 젊은 아들이 단호하게 말했다.

"이대로 보물을 빼앗길 수는 없어요. 당장 저들과 싸워요."

"안 된다. 우리 둘만으로는 저들을 이길 수 없어."

"그럼 보석을 줘버려요."

"그것도 안 돼. 저들은 우리를 죽여서 입막음을 하려 할 거야."

잠시 후 상인은 화를 잔뜩 내면서 갑판으로 올라갔다.

"이 바보 같은 녀석!"

그가 고함을 질렀다.

"너는 내가 하는 충고는 단 한 번도 귀담아 듣지 않는구나!"

"이 늙은이가!"

아들도 목청을 높였다.

"허구한 날 쓸데없는 말만 늘어놓으니 들을 게 있나!"

부자가 서로를 욕하며 싸우자 호기심이 생긴 선원들이 하나둘 모여들었다. 화가 난 상인은 자신의 방에서 보석 상자를 끌고 나왔다.

"배은망덕한 녀석 같으니라고! 내가 굶어 죽는 한이 있어도 너한테는 내 재산을 한 푼도 물려주지 않을 테다."

말을 마친 상인이 보석 상자를 열었다. 선원들은 상자 가득한 보석을 보고 숨을 들이쉬었다. 상인은 갑판으로 달려가 다른 사람들이 미처 말릴 시간도 없이 보석을 전부 바다에 쏟아버렸다.

잠시 뒤 빈 상자를 주시하던 상인과 그의 아들은 바닥에 드러누워서 자신들이 한 행동을 후회하며 울고불고 소동을 피웠다. 후에 그들만 방에 남게 되자 아버지가 말했다.

"이럴 수밖에 없었다. 다른 방법으로는 우리 목숨을 구할 수가 없었어."

"맞아요. 이 방법이 제일 좋은 방법이었어요."

배가 항구에 도착하자 상인은 아들과 함께 급히 도시의 지방 법관을 찾아가 선원들이 해적질과 암살을 시도했다고 신고했다. 법관은 바로 선원들을 잡아들여서 심문했다.

"너희들은 노인이 자신의 보석을 바다에 빠뜨리는 것을 보았느냐?"

"네, 저희 두 눈으로 똑똑히 보았습니다. 노인이 자기 손으로 보석을 바다에 버렸습니다."

선원들이 입을 모아 대답했다. 그러자 법관은 그들에게 유죄 판결을 내렸다.

"자신이 일생 동안 모은 보물을 버린다는 것은 생명의 위험에 빠졌을 때나 가능한 일이다."

선원들이 자진해서 상인의 보석을 배상하자 법관은 그들의 목숨만은 구해 주었다.

오랫동안 장사로 넓힌 상인의 식견은 확실히 남달랐다. 생명이 위태로운 상황에서 기지를 발휘하여 목숨을 구하고 재산도 도로 되찾았으니 말이다. "호랑이에게 물려가도 정신만 차리면 산다."

국보 도난 사건

박물관에 도둑이 들어 전시되어 있던 보물 몇 가지가 사라졌다. 경찰이 조사한 결과 이 사건은 여러 명의 전문가들의 소행이었다. 보안 시스템을 부수고 안전 자물쇠를 연 것과 자동차가 미리 대기하고 있었던 점 등으로 미루어 보아 최소한 네다섯 명은 있어야 가능했다. 하지만 도무지 사건의 실마리를 잡을 수 없었다.

정부는 현상금을 걸었고 박물관의 관장도 방송국의 취재를 받아들였다. 관장이 떨면서 말했다.

"도둑맞은 열세 점 모두 진품입니다. 특히 비취반지는 전 세계에 다시없는 진귀한 보물입니다. 보석을 아무리 사랑하는 분이라도 절대로 이 반지를 도둑들로부터 구입하셔서는 안 됩니다. 장물을 구입하면 처벌받게 됩니다."

그는 눈을 크게 뜨고 말했다.

"그 반지는 너무 훌륭해서 누구든 보기만 하면 돈 주고도 살 수 없는 반지임을 알게 될 것입니다."

방송국의 인터뷰가 방송된 지 얼마 후 사건이 해결되었다. 절도범들의 계획은 주도면밀했고 아무런 단서도 남기지 않았지만 그들 사이에 내분이 일어나 발각되었다. 다친 절도범이 침대에 누워 실상을 밝혔다.

"당시 나와 다른 한 명이 박물관 안으로 들어갔습니다. 우리는 열두 폭의 그림만 훔쳤지 비취반지는 가져오지 않았어요. 하지만 밖에 있었던 친구들은 우리의 말을 믿지 않고 반지를 내놓으라고 다그치더군요. 후에 같이 들어간 친구까지 제가 혼자 차지하려고 거짓말을 한다고 여겼어요."

그는 크게 고함을 질렀다.

"나는 가져가지 않았어요. 저를 믿어 주세요."

"저는 그를 믿습니다."

박물관 관장이 열두 점의 그림을 확인한 뒤 웃으며 말했다.

"하느님, 감사합니다. 열두 점 모두 완전하게 되돌아 왔습니다. 비취반지요? 우리 박물관에는 반지가 있었던 적이 없어요. 제가 거짓말을 한 거죠."

설사 나쁜 사람이라도 바른 사람이 하는 거짓말을 믿지, 나쁜 사람이 말하는 진실은 믿지 않는다. 위기의 순간일수록 자신에게 유리한 것이 무엇인지, 나에게 이점은 무엇인지 찾아야 한다.

야모얼의 선택

19세기 중엽 미국 캘리포니아California 주에서 금광이 발견되었다는 소문이 돌았다. 수많은 사람들이 천재일우千載一遇의 기회를 잡고자 캘리포니아로 몰려들었다. 열일곱 살의 어린 농부 야모얼도 골드러시 열풍에 합류하여 천신만고 끝에 캘리포니아에 도착했다.

그러나 일확천금을 꿈꾸는 사람들은 시간이 갈수록 늘어났고 금은 점점 더 캐기 어려워졌다. 때문에 사람들의 생활도 점점 더 어려워졌다. 게다가 건조한 기후에 물까지 부족하여 운이 없는 사람들은 꿈을 이루기는커녕 현지에서 목숨을 잃기도 했다. 야모얼도 열심히 금을 찾았지만 대다수 사람들과 마찬가지로 황금은 찾지도 못하고 배고픔과 목마름에 죽을 만큼 고생만 했다.

어느 날 물주머니에 얼마 남지 않은 물을 바라보며 주변 사람들의 불평을 듣고 있던 야모얼에게 순간 기발한 생각이 머릿속에 떠올랐다.

'금을 캐는 대신 물을 팔자!'

야모얼은 금광을 찾겠다는 꿈을 포기하는 대신 가지고 있던 도구들을 수로를 파는 도구와 바꾸었다. 그러고는 강물을 저수지로 끌어 와 가는 모래로 정화하여 맑고 깨끗한 식수食水로 만들었다. 그는 그 식수를 산 계곡까지 지고 가서 금광을 찾는 사람들에게 팔았다.

사람들은 야모얼을 보면서 비웃었다.

"갖은 고생 다하고 캘리포니아까지 와서는 금 대신 물을 팔아 푼돈이나 벌려고 하다니. 이런 장사야 어딜 가든 못하겠어? 뭐 하러 여기까지 와서 하는 거야?"

야모얼은 사람들의 말에 개의치 않고 계속 물을 팔았다.

'원가도 거의 들지 않는 물을 팔다니. 이렇게 수지맞는 장사가 또 어디에 있으며, 이처럼 좋은 시장이 또 어디에 있겠는가?'

결국 대다수 금을 캐려던 사람들은 빈손으로 돌아갔지만 야모얼은 물을 팔아서 단숨에 6000달러를 벌었다. 당시로서는 꽤나 큰돈이었다.

주된 목표를 추구하는 과정에서 부수적인 목표와 기회가 생길 수 있다. 모두들 첫 번째 기회에 벌떼처럼 몰려들 때 두 번째 기회를 획득하는 것도 현명한 행동이다. 최선책이 항상 옳은 것은 아니다.

토끼의 지도 교수

　산의 동굴 입구에서 타자를 치고 있는 토끼에게 여우 한 마리가 다가왔다. 여우는 토끼에게 달려들며 말했다.

"너를 잡아먹을 테다."

"잠깐만요. 내가 논문을 다 칠 때까지만 좀 기다려줘요."

이상한 생각이 든 여우가 물었다.

"무슨 논문인데?"

"제 논문 제목은 「토끼는 왜 여우보다 강한가」예요."

여우는 큰 소리로 웃었다.

"정말 우습구나. 네가 어떻게 나보다 강하지?"

토끼는 여전히 진지했다.

"믿지 못하겠으면 날 따라와요. 증명해 보일 테니까."

　그는 여우를 동굴로 이끌었고 여우는 다시는 동굴 밖으로 나오지 않았다.

토끼가 계속 동굴 입구에서 타자를 치고 있었다. 이번에는 늑대 한 마리가 그의 앞에 나타났다.

"너를 잡아먹을 테다."

"잠깐만요. 내가 논문을 다 완성할 때까지 조금만 기다려줘요. 제목은 「토끼는 왜 늑대보다 강한가」예요."

늑대가 크게 웃었다.

"네가 나보다 강하다고?"

"정말이에요. 증명해 보일 수도 있어요."

토끼는 늑대를 데리고 동굴로 들어갔고 늑대도 역시 다시는 나오지 못했다.

마침내 토끼가 논문을 완성했다. 토끼는 논문을 가지고 동굴로 들어가 배불리 먹고 트림을 하고 있는 사자에게 건네주었다.

논문의 제목이 무엇인지는 중요하지 않다. 논문의 내용도 중요하지 않다. 중요한 것은 논문의 지도 교수가 누구인가 하는 것이다.

사면초가四面楚歌의 상황이라도 반드시 나에게 도움을 줄 수 있는 사람이 있다. 허둥대지 말고 정신을 똑바로 차려라! 현재의 상황을 냉철히 판단하고 빠져나갈 길을 찾아라. 평소에 인맥을 넓혀 두는 노력이 필요하다. 그것은 당신의 미래를 위한 또 하나의 준비이다.

모든 것을 팔 수는 없다

돈을 벌고 싶어 안달이 난 사람이 있었다. 어떻게 하면 돈을 벌 수 있을까 궁리하던 그는 광천수가 잘 팔리는 것을 보고 사방으로 맑은 물을 찾아 다녔다.

그는 기차가 닿지 않는 곳은 자동차를 몰고 갔고, 차가 들어갈 수 없는 곳은 오솔길을 따라 7~8킬로미터를 걸어서 마침내 깨끗한 물을 찾아냈다. 샘플을 채취해 화학 실험을 해보니 인체에 유익한 여러 가지 원소가 포함되어 있을 뿐 아니라 어떤 오염도 된 적이 없는 아주 순수한 물이었다. 전문가는 이 물로 광천수를 만들면 일류 품질을 보장한다고 했다. 그는 미칠 듯 기뻐서 즉시 돈을 빌리고, 길을 닦고, 공장을 세웠다. 첫 번째 제품이 나오자 자신만만하여 시장에 출시했지만 검사 결과 오히려 세균이 기준치를 넘었다. 그는 부랴부랴 전체 생산 라인을 점검해 보았지만 원인을 찾을 수가 없었다. 다시 한 번 화학 실험을 해보니 물은 전부 심각하게 오염되어 있었다. 급히 대처할 방법을 전문가에게 물었다.

"방법은 오직 하나입니다. 지금 당장 생산을 멈추면 5년 뒤에는 물이 다시 깨끗해져서 생산을 할 수 있을 겁니다. 하지만 예전의 순수함을 회복하는 것은 불가능합니다."

청천벽력 같은 소식에 그는 넋을 잃었다. 그는 이 모든 잘못이 자신에게 있음을 깨달았다. 길을 닦고 건물을 세우기 위해 보낸 사람들이 그 물을 오염시킨 것이었다. 순수함은 찬미하고, 감상하고, 즐길 수는 있지만 팔 수는 없다는 것을 그제야 깨달았다.

당장의 어려움을 타개하기 위하여 눈앞에 이익만을 쫓아 맹목적으로 달려들지 마라. 영원히 잃게 되는 것이 반드시 생긴다. 위기가 기회를 만들어 내기도 하지만 더 큰 위기를 만들어 내기도 한다. 빈대 한 마리 잡겠다고 초가삼간草家三間을 다 태울 작정인가?

고난과 천재

세계적인 바이올리니스트 파가니니Niccolo Paganini도 두 가지 선물을
동시에 받았다. 그는 네 살 때 홍역에 걸려 사경死境을 헤매더니, 일
곱 살 때에는 독한 폐렴에 걸렸다. 마흔여섯 살에는 잇몸에 염증이
생겨 거의 모든 치아를 뽑아 버렸고, 잇몸병이 낫자마자 이번에는 눈
병에 걸려 어린 아들을 지팡이 삼아 다닐 수밖에 없었다. 쉰 살이 넘
어서는 관절염, 장염, 후두 결핵 등 온갖 질병들이 그의 몸을 다녀갔
다. 후에는 성대에도 이상이 생겨 아들이 입 모양을 보고 그의 의사
를 대변해 주어야 했다. 결국 피를 토하고 죽었을 때 그의 나이는 불
과 쉰일곱 살이었다. 죽은 후에는 시신마저 여덟 번이나 이리저리 옮
겨 다녀야 했다.

파가니니가 신체적인 고통만 겪었던 것은 아니다. 그는 자신을 가
두고 매일 열 시간에서 열두 시간씩 바이올린 연습을 하며 배고픔과
죽음에 대한 두려움에서 벗어나려 애썼다. 열세 살부터 각지를 떠돌

며 방랑 생활을 했고, 평생 다섯 명의 여인과 사랑을 나누었다. 그 여인들 중에는 나폴레옹의 부인도 있었고, 그를 두고 올케와 시누이 간에 치열한 싸움이 벌어진 일도 있었다. 그러나 그의 눈에는 이 모든 것이 사랑이 아니라 바이올린을 연습하기 위한 터전이었을 뿐이었다. 파가니니에게는 아들과 바이올린 외에는 다른 가족이나 친척도 없었다. 오직 고난만이 파가니니의 연인이었다. 그는 고난을 열렬히 그리고 비장하게 끌어안았다.

불행한 삶을 살았지만 파가니니는 바이올리니스트로서의 재능만큼은 타고났다. 세 살 때부터 바이올린을 배운 그는 열두 살에 첫 번째 음악회를 성공적으로 개최함으로써 주목 받기 시작했다. 파르마Parma 이탈리아 북부, 밀라노 동남쪽에 있는 도시의 수석 바이올리니스트였던 로라는 그의 연주를 듣고 깜짝 놀라며 병상에서 일어나 그를 제자로 받아들였다. 그가 이탈리아 순회 연주회를 할 때에는 그의 바이올린 줄은 정부情婦의 창자로 만든 것이며, 그의 연주가 그토록 사람들을 매료시키는 것은 악마가 마법을 전수해주었기 때문이라는 괴소문이 나돌기도 했다. 1832년 4월20일 파가니니는 콜레라로 죽은 파리Paris시민들을 추모하는 연주회를 열었다. 당시 콜레라가 유행하고 있었음에도 그의 연주를 듣기 위해 수많은 청중들이 연주회장으로 몰려들었다고 한다.

파가니니의 독특한 운지법과 기교가 만들어 낸 매력적인 선율은 온 유럽과 세계를 매료시켰다. 그는 「수상곡」「페르페툼모빌레」「마법의 여인」과 여섯 개의 바이올린 협주곡 및 기타 연주곡을 썼다. 뒤마

Alexandre Dumas, 발자크Honore de Balzac, 쇼팽Frdric Chopin, 스탕달Stendhal 등 저명한 문학예술가들도 그의 연주를 듣고 깊은 감동을 받았다. 독일의 대문호인 괴테Johann Wolfgang Goethe는 그를 "현 위에 불같은 영혼을 펼쳐 보인다."라고 평했으며, 리스트Franz von Liszt는

"맙소사, 이 네 개의 줄에 이 얼마나 많은 고난과 고통, 상처받은 영혼을 포함하고 있는가!"

라고 감탄했다.

때때로 하느님은 뛰어난 장사꾼 같다. 어떤 사람에게 천재적인 재능을 줄 때 그 몇 배의 고난도 함께 끼워 주시는 것을 보면 말이다. 고난이 천재를 만드는 것일까, 아니면 천재가 유달리 고난을 사랑하는 것일까?

밀턴John milton, 베토벤Ludwig van Beethoven과 파가니니는 세계 예술사상 3대 괴짜이다. 한 명은 장님이, 한 명은 귀머거리, 다른 한 명은 벙어리가 되었다. 어쩌면 하느님이 계산기를 들고 이미 안배해 놓은 일인지도 모르겠다.

고난은 가장 좋은 스승이다. 고난의 가혹한 공격을 받더라도 쓰러지지 않을 때 자신을 완성해 나갈 수 있다. 아무리 가혹한 고난에 닥치더라도 이겨내고 나면 아무것도 아니다. 지금 몹시 힘든가? 그럼 아주 잠깐만 좌절하라. 그리고 이내 다시 일어서서 당신이 할 수 있는 것을 해라.

우스훙의 면접기

　중국 IT 산업 분야에서 맹활약하고 있는 우스훙吳士宏은 중졸 학력이 전부인 근로자였다. 그런 그녀가 IT 업계로 뛰어든 것은 IBM 중국 지사에 면접을 갔을 때부터이다. 당시 간호조무사였던 우스훙은 일 년 반 동안 배운 영어실력만 믿고 과감하게 IBM에 입사 지원을 했다.

　1985년 창청長城호텔의 회전문 밖에 서서 오 분 동안 다른 사람들이 어떻게 이 신기한 문을 통해 안으로 들어가는지 관찰할 정도로 순진했던 우스훙은 두 차례의 필기시험과 구두시험을 순탄하게 통과했다. 면접 또한 순조롭게 진행되었다. 면접관이 마지막으로 그녀에게 물었다.

　"타자를 칠 줄 아십니까?"

　"네!"

　우스훙은 반사적으로 대답했다.

"일 분에 몇 타를 칠 수 있죠?"

"몇 타를 칠 수 있으면 되나요?"

면접관이 말한 타수打數에 우스홍은 즉시 가능하다고 대답했다. 그리고는 사방을 둘러보았지만 면접장에는 타자기가 없었다. 면접관도 타자 실력 테스트는 다음에 하겠다고 말했다. 사실 우스홍은 타자기를 만져본 적도 없었다. 면접이 끝나자마자 부리나케 뛰쳐나간 우스홍은 친구를 찾아가 170위안한화 약 30940원을 빌려 타자기를 구입했다. 그녀는 일주일 동안 밤낮없이 타자 연습에 매달렸다. 그녀의 두 손은 젓가락을 들 힘조차 없었지만 결국 기적처럼 면접관이 말한 수준에 도달할 수 있게 되었다. 하지만 회사는 그녀의 타자 실력을 테스트하지 않았다. 우스홍의 성공 신화는 이때부터 시작되었다.

눈 깜짝할 사이에 사라져 버릴 기회를 어떻게 잡는가는 그 누구도, 그 어떤 교재도 당신에게 가르쳐 주지 못한다. 당신의 실력이 그 기회를 잡을 수준에 올라야만 반짝이는 영감도 빛을 발하게 된다.

당신을 도울 단 한 사람

어떤 사장이 전 재산을 소형 제조업에 투자했다. 그러나 세계대전이 터지고 공장에서 필요한 원료를 구할 수가 없게 된 그는 파산을 하고 말았다. 돈을 잃고 의기소침해진 그는 가족을 떠나 떠돌이가 되었다. 자신의 실패를 잊을 수 없었던 그는 점점 더 괴로워만 했다. 근래 들어서는 호수에 빠져 자살하고 싶은 생각마저 들었다.

그러다 우연한 기회에 『자신감』이라는 책을 읽게 되었다. 그 책은 그에게 용기와 희망을 불러일으켜 주었고 그는 책을 쓴 작가를 찾아가 다시 일어설 수 있도록 도와달라고 부탁하기로 했다. 작가를 찾아가 자신의 사정을 다 털어놓자 작가는 그에게 뜻밖의 말을 했다.

"당신의 이야기는 정말 잘 들었습니다. 진심으로 제가 당신을 도와드릴 수 있었으면 좋겠군요. 하지만 제게는 당신을 도울만한 능력이 없습니다."

그의 얼굴이 순식간에 창백해졌다. 고개를 떨군 채 그는 중얼거렸다.

"이제 나는 끝장이로군."

잠시 뒤 작가가 말을 이었다.

"비록 저는 당신을 도울 방법이 없지만 당신에게 소개할 사람이 있습니다. 그는 당신이 재기하도록 도와줄 수 있을 겁니다."

이 말을 들은 떠돌이는 자리에서 뛰어올라 작가의 손을 잡고 말했다.

"부디 저를 그 사람에게 데려다 주십시오."

작가는 그를 커다란 거울 앞에 데리고 가서 손으로 거울을 가리키며 말했다.

"제가 소개할 사람은 바로 이 사람입니다. 이 세상에서 이 사람만이 당신을 재기시킬 수 있습니다. 지금 자리에 앉아서 이 사람에 대해 철저히 알지 못하면 당신은 미시간 호Michigan湖에 뛰어드는 것 외에 다른 방법이 없을 겁니다. 이 사람을 충분히 알기 전에는 당신은 아무런 가치도 없는 폐물이나 다름없으니까요."

그는 거울을 향해 몇 걸음 다가가 손으로 수염이 잔뜩 자란 얼굴을 어루만졌다. 거울 속의 사람을 머리끝부터 발끝까지 몇 분 동안 훑어보더니 뒤로 물러나 고개를 떨구고 울기 시작했다.

며칠 뒤 길에서 그 사람을 우연히 마주친 작가는 하마터면 그를 알아보지 못할 뻔했다. 그는 고개를 높이 들고 힘차게 걷고 있었던 것이었다. 머리부터 발끝까지 새로 꾸민 그는 크게 성공한 사람처럼 보였다.

"그날 당신의 사무실을 찾을 때까지 저는 떠돌이에 지나지 않았습니다. 하지만 거울을 보며 자신감을 되찾을 수 있었습니다. 조금 전에 연봉 3000달러의 일자리도 구했습니다. 사장님은 가족들에게 보낼 수 있게 월급의 일부를 가불해 주셨어요. 이제 다시 성공의 길을 걸을 겁니다."

그는 유쾌하게 작가에게 덧붙여 말했다.

"미리 당신에게 말씀을 드리죠. 미래의 언젠가 다시 당신을 방문할 겁니다. 백지수표를 들고 말이죠. 금액은 당신이 쓰세요. 당신이 제게 자신을 깨닫게 해주었어요. 진정한 나를 보여준 거죠."

자신감은 사람이 일을 하고 살아나가도록 지탱해 주는 힘이다. 자신감의 상실은 스스로에게 사형 선고를 내리는 것과 같다. 난관에 봉착했을 때 자신을 돌아보고 당신 자신에게 힘을 실어 주어라.

두려움 치료법

40대 초반의 회사원이 고민에 휩싸여 나폴레옹 힐Napoleon Hill을 찾아왔다. 그는 기업의 영업부를 책임지고 있는 사람이었다.

"저는 일자리를 잃을까 봐 두렵습니다. 이 직장을 떠날 날이 얼마 남지 않았다는 예감이 들어요."

"왜 그렇죠?"

"통계 자료를 보면 알 수 있죠. 우리 부서의 영업 실적이 작년보다 7%나 떨어졌어요. 이건 정말 큰일이죠. 그런데 같은 시기 회사 전체의 영업 실적은 65%나 증가했습니다.

최근에 상품부의 부장이 저를 물러서 제가 회사의 영업 실적을 따라가지 못한다고 질책하더군요. 지금까지 이런 기분은 처음입니다. 전 이미 자신감을 잃어버렸어요. 제 비서도 그걸 느끼고 있고 다른 부서의 책임자들도 제가 내리막길을 달리고 있다고 생각하고 있는 것 같아요. 이제 곧 익사할 사람을 두고 주변에 방관자들이 둘러서서 제

머리가 잠기기를 기다리는 것만 같아요. 저는 무능력해요. 두렵습니다. 하지만 여전히 상황이 호전되기를 바라죠."

힐이 반문했다.

"바라기만 할 뿐입니까? 어째서 행동으로 당신의 희망을 지원하지 않는 겁니까? 두 가지 행동이 가능해 보이는군요. 첫째, 오늘 오후 영업 실적을 향상시킬 방법을 찾으십시오. 이것은 반드시 해야 할 조치입니다. 당신의 영업 실적이 하락한 데는 분명 원인이 있을 겁니다. 그 원인을 찾아내십시오. 어쩌면 새로운 물건을 잘 들여놓기 위해 할인 판매로 창고 정리를 할 필요가 있을 수도 있고, 판매대의 진열을 새로 배치해야 할지도 모르죠. 아니면 당신의 판매원에게 더 많은 열정이 필요할지도 모릅니다.

저는 정확하게 영업 실적을 향상시킬 방법을 지적할 수는 없지만 분명 방법이 있을 겁니다. 가장 좋은 방법은 당신의 상품부 부장과 상담을 하는 겁니다. 그가 당신을 자를 생각을 하고 있는 중이었어도 만일 그에게 당신의 구상을 이야기하고 그의 의견을 구한다면 그는 당신에게 시간을 줄 겁니다. 당신이 문제를 해결할 방법을 찾아낼 수 있다는 믿음이 생기면 당장 쫓아내지는 않을 겁니다. 그리고 당신의 비서를 정신을 차리게 하고 당신도 곧 물에 빠져 죽을 사람처럼 굴어서는 안 됩니다. 주변 사람들에게 당신이 아직 살아 있음을 보여주세요."

그의 눈빛에는 벌써 용기가 샘솟았다. 그가 물었다.

"좀 전에 두 가지 행동 방법이 있다고 하셨는데, 두 번째는 무엇입니까?"

"두 번째 행동은 보험을 들어두는 의미에서 더 좋은 직장을 알아보는 것입니다. 당신이 적극적으로 조치를 취하고 영업 실적을 향상시킨다면 일자리를 잃는 일은 없을 겁니다. 하지만 현 상태를 유지하면서 더 나은 일을 구하라고 했듯이 실업 후에 일자리를 찾는 것보다는 지금 찾는 것이 열 배는 쉬울 겁니다."

얼마의 시간이 흐른 후 좌절에 빠져 있던 그에게서 전화가 왔다.

"지난번 만남 후 저는 개선을 하려고 열심히 노력했습니다. 가장 중요한 변화는 영업 사원들을 변화시킨 거죠. 전에는 일주일에 한 번만 하던 회의를 지금은 매일 아침 합니다. 영업 사원들은 의욕도 넘칩니다. 아마도 제가 변한 것을 보고 그들도 열심히 할 마음이 생긴 것 같습니다. 결과도 당연히 좋아졌죠. 지난 주 영업 실적이 작년은 물론이고 다른 부서의 평균 실적보다도 높아요. 아, 말이 나온 김에 좋은 소식이 하나 더 있어요. 그동안 두 군데 회사에서 스카우트 제의를 받았어요. 물론 기뻤지만 전부 거절했습니다. 지금 직장이 너무 마음에 들게 변했거든요."

수영을 해 본 적 없는 사람이 물가에 서 있거나, 스카이다이빙을 해 본 적 없는 사람이 비행기 입구에 서 있으면 점점 더 무서워질 뿐이다. 불리한 지경에 처했을 때도 마찬가지이다. 두려움을 치료하는 방법은 바로 행동하는 것이다. 실행하면 두려움이 없어진다.

엘크와 방독면

세상에 팔지 못하는 게 없는 유명한 세일즈맨이 있었다. 그는 치과 의사에게 칫솔을 팔았고, 제빵사에게 빵을, 장님에게 TV를 파는 수완가였다.

어느 날 그의 친구가 찾아와 내기를 했다.

"자네가 엘크말코손바닥사슴에게 방독면을 팔면 최고의 세일즈맨이라고 인정해 주지."

친구의 내기를 수락한 세일즈맨은 엘크들이 산다는 북쪽 지방으로 찾아갔다.

엘크들의 마을을 찾는 것은 쉬운 일이 아니었다. 그들이 사는 곳은 북쪽 지방에서도 상당히 외진 곳에 있었다. 여러 날을 찾아 헤맨 끝에 그는 엘크들이 사는 곳에 도착했다. 그곳은 침엽수가 울창한 숲 속에 있었다.

"안녕하세요!"

첫 번째로 마주친 엘크에게 그가 인사를 건넸다.

"당신은 방독면이 꼭 필요할 겁니다."

"공기가 이토록 깨끗한데 방독면이 왜 필요하죠?"

"요즘은 방독면 없는 사람이 없거든요."

"전 정말 필요 없어요."

"잠시만 기다리세요. 이제 곧 필요할 겁니다."

말을 다 마친 그는 엘크가 사는 숲의 한가운데 큰 공장 하나를 짓기 시작했다. 그의 친구가 말했다.

"자네 정말 미쳤군."

"아니. 난 미치지 않았어. 단지 엘크들에게 방독면을 팔려고 할 뿐이야."

공장이 완성된 이후로 유독 가스가 커다란 굴뚝을 통해 뿜어져 나왔다. 숨을 쉬는 것조차도 버거울 정도였다.

얼마 지나지 않아 엘크가 세일즈맨을 찾아왔다.

"이제 나도 방독면이 필요해요."

"제 말이 맞았죠?"

세일즈맨은 엘크에게 방독면을 팔았다.

"이 방독면은 정말 좋은 물건이랍니다."

"다른 엘크들도 이제 방독면이 필요할 거예요. 혹시 더 가지고 계신 게 있나요?"

"당신들은 정말 운이 좋군요. 저한테 수천 개, 아니 수만 개가 있답니다."

"그런데 당신의 공장은 무엇을 생산하나요?"

호기심에 찬 얼굴로 엘크가 물었다.

세일즈맨이 웃으며 대답했다.

"방독면이오."

문제를 해결하는 묘수妙手가 때론 모순적 상황을 만들어 내기도 한다. 임시방편은 문제 해결을 위한 창의적인 생각이 아니라 또 다른 문제를 야기하는 달콤한 독이다. 급하더라도 무리수無理數는 두는 것이 아니다. 그것이 당신의 목을 조르게 될 수 있다.

에디슨의 새옹지마

1914년 12월, 발명가 토머스 에디슨Thomas Alva Edison의 실험실이 화재로 잿더미가 되었다. 손실은 200만 달러를 넘었지만 그가 미리 들어 둔 보험금은 23만 8천 달러밖에 되지 않았다. 실험실이 철근 콘크리트구조였기 때문에 화재에 안전하다고 생각했던 것이다. 에디슨이 평생 동안 심혈을 기울였던 연구들이 하루아침에 불길 속에 타버리고 말았다.

불길이 가장 거셌을 때 에디슨의 스물네 살 된 아들 찰리는 짙은 연기와 폐허 속에서 미친 듯이 아버지를 찾아다녔다. 마침내 찾은 에디슨은 불길을 응시하고 있었다. 그의 얼굴은 불빛에 붉게 물들었고 백발은 차가운 바람에 흩날리고 있었다. 찰리는 후에 당시 일을 이렇게 기록했다.

"그 때 아버지는 67세로 이제 젊은 나이가 아니었다. 눈앞에서 그 동안 고생한 모든 것이 수포로 돌아가 버린 것이다. 하지만 아버지는 나를 보자마자 '찰리, 엄마는 어디 있니? 어서 가서 엄마를 모셔와라. 지금 아니면 평생 다시는 이런 장면을 보지 못할 거야.'라고 하셨다. 다음날 아침, 아버지는 폐허를 보면서 '재난에도 그만의 가치가 있단다. 봐라, 지금까지 한 실수들이 모두 깨끗하게 타버렸잖아. 하느님께 감사해야지. 이제 우리는 새로 시작할 수 있게 되었어.'라고 말씀하셨다."

화재가 난 지 3주 후, 에디슨은 확성기를 발명했다.

67세의 에디슨은 재난 속에서 '가치'를 찾아내고 새로 시작했다. 이런 그의 낙관적인 태도와 넓은 가슴, 불굴의 투지는 사람들의 감탄을 자아낸다. 위기는 항상 기회를 품고 있다. 그것은 눈 깜짝할 사이에 지나갈 수도 있다. 그 기회를 찾고 못 찾고는 당신의 몫이다.

런샤오핑의 의지

베이징北京 외교학교 부총장인 런샤오핑任小萍여사는 평생 자신이 속한 조직의 결정에 따랐을 뿐, 자기 주관에 따라 결정한 적은 한 번도 없었다고 말했다.

하지만 그녀 자신이 선택한 것이 하나 있었는데. 그건 바로 다른 사람보다 더 열심히 하겠다는 의지이다.

1968년 당시 베이징 외국어대학교를 다녔던 런샤오핑은 나이는 가장 많았지만 실력은 제일 뒤떨어진 학생이었다.

첫 번째 수업시간 중 질문에 대답을 하지 못한 그녀는 시간 내내 서 있는 벌을 받았다.

다음날 교실에 족자簇子 하나가 걸렸다.

"부족한 급우가 낙오되지 않게 하라!"

'부족한 급우'는 바로 그녀였다. 하지만 열심히 노력한 그녀는 학년 최고의 성적으로 졸업했다.

대학 졸업 후 런샤오핑은 영국 대사관의 전화 교환원으로 일하게 되었다. 보잘것없는 전화 교환원은 대부분 사람들의 눈에는 비전이 없어 보였지만 런샤오핑은 이 일을 멋지게 해냈다.

그녀는 대사관에서 일하는 모든 사람의 이름, 전화번호, 업무 범위, 심지어 그들 가족의 이름까지 완벽하게 외웠다.

때때로 누구를 찾아야 할지 모르는 전화가 걸려올 경우에 그녀는 몇 차례의 질문으로 최대한 정확하게 찾는 사람을 연결해 주었다.

대사관의 사람들은 자신의 통역관보다 런샤오핑을 더 신뢰하게 되었다. 그들은 외출하면서 자신을 찾는 전화가 오면 전할 말을 그녀에게 일러 주면서, 공적인 일뿐 아니라 사적인 일까지도 전달을 부탁했다.

런샤오핑은 대사관 전체의 메모장, 즉 최고의 비서가 되었다. 결국 대사에게까지 뛰어난 업무 능력을 인정받은 그녀는 파격적으로 영국 모 신문사 기자의 통역이 되었다.

그녀가 통역을 맡은 수석 기자는 전쟁 훈장과 기사 작위를 받은 뛰어난 기자였지만 성격이 만만찮은 노부인이었다. 전임 통역사를 쫓아낸 노부인은 처음에는 런샤오핑의 이력을 보고 탐탁하게 여기지 않았다.

결국 억지로 채용에 동의한 부인이 일 년 후에는 사람들에게 런샤오핑의 칭찬을 할 정도로 태도가 확 변했다.

"내 통역사가 아마 당신 통역사보다 열 배는 훌륭할 거예요."

얼마 후 런샤오핑은 주중 미국 사무소로 발령을 받았고 그곳에서도 전과 다름없이 열심히 일한 덕에 외교부에서 주는 상을 획득했다.

직업을 선택할 수 없을 때 적어도 선택할 수 있는 한 가지가 있다. 바로 열심히 할 것인가, 아니면 되는대로 일할 것인가이다. 똑같은 직위에서 어떤 사람은 성실하게 열심히 일해 많은 성과를 이뤄내지만 어떤 사람은 온종일 더 좋은 자리로 옮겨갈 생각만 하고 눈앞에 주어진 일은 하지 않는다. 어떤 선택을 하는가에 따라 미래의 삶이 바뀔 수 있다.

초조해 하지 말라

몇 년 전 우리 동네 거리에서 안타까운 자동차 사고가 일어났다. 사고로 사망한 사람은 이제 막 한 아이의 아버지가 된 남자였다. 사고가 나던 날 아이의 기저귀가 다 떨어졌다고 한다. 전날 빨아놓은 기저귀는 공장의 보일러실에서 말리고 있었다. 하는 수 없이 아내가 남편에게 공장에 가서 기저귀를 찾아오라고 시켰고 조급한 마음에 남편은 자전거를 타고 가다 트럭에 부딪혔던 것이다. 목격자는 따르면 그가 빗길에서 자전거를 너무 빨리 몰았다고 한다. 이 불행한 사고를 떠올린 이유는 최근 유행하는 말 한마디 때문이다.

"너무 초조해 하지 마."

내가 처음 이 구절을 들은 것은 카드 테이블에서였다. 카드놀이에 재주가 없던 나는 점차 지는 횟수가 늘자 조급해졌다. 그런데 내 친구는 지고 있으면서도 마음이 가벼워 보였다. 그는 한 번도 초조해하지 않았다. 진정 카드를 즐길 줄 아는 사람이었다. 한 번은 그가 자신에게

인지 아니면 우리에게인지 너무 초조해하지 말라고 했다. 그의 말 한 마디에 시끄러운 고함이 들끓는 카드 테이블이 돌연 조용해졌다.

"뭐야, 이 말을 처음 듣는 거야? 최근 유행하는 말인데 정말 좋은 말 같지 않아?"

이 말을 들으니 다른 성격 좋은 친구가 생각난다. 한 번은 그의 아이가 열이 나서 아내가 초조한 나머지 허둥대다가 맨발로 아이를 안고 병원에 갔다. 그 친구는 평소와 다름없이 단정하게 차려입고 아내의 뒤를 따라갔다. 후에 아내가 그에게 무심하다고 탓했다.

"여보, 아무리 급해도 맨발로 갈 일은 없어."

그의 아내는 대꾸할 말이 없었다.

누구나 조급해하지 말아야 한다는 것을 알고 있지만 살면서 실천하는 것은 또 다른 경지이다.

이 두 친구는 위기상황을 처리하는 데 남다른 태도를 보여 주었다. 사실 이는 삶에 대한 태도라고 할 수 있다. 그들은 위기에 억눌리지 않고 이성으로 자신의 생활을 컨트롤했다.

"위기는 삶의 한 부분이다. 조급해하지 말라."

대다수 사람에게 이는 금과옥조이지만 실천하기는 어렵다. 조급함은 미덕이 아니라 우리가 공유한 사유와 행동 방식이다. 초조할 때는 그럴 만한 이유가 있다.

카드 게임으로 돈을 크게 잃어 주머니에 얼마 남지 않았을 때, 아이에게 갈아 줄 기저귀가 없을 때, 아이가 40도가 넘는 고열로 괴로워해도 원인도 모를 때 당신은 초조할 것이다.

하지만 우리가 항상 잊고 있는 상식이 있다. 초조해 한다고 무슨 소용이 있겠는가?

초조해 하지 말라. 우리가 이토록 오랜 세월 초조해 해도 살면서 일어날 일은 일어나고, 없어야 할 일은 없었다. 나는 어떤 철학을 발하려는 것이 아니다. 생명을 위해 생명을 헌신하는 것은 가치 있는 일이지만 기저귀를 위해 생명을 바치는 것은 너무 아깝다.

색다른 청구서

외국 기업에서 경리로 일하는 친구가 있었다. 회사의 일이 많아서 친구는 매일 쉴 틈 없이 바쁜 시간을 보냈다. 오전에 물건을 보낸 거래처가 점심 때 바로 팩스로 청구서를 보내 왔고 이어서 영수증, 운송장 등이 빠른우편으로 날아왔다. 친구의 책상은 각종 청구서들로 항상 가득했다.

넘쳐나는 청구서들 모두 다 돈을 요구하는 것들이었는데 친구는 누구에게 먼저 돈을 보내야 좋을지 결정하지 못했다.

"자네가 알아서 하게."

사장도 청구서들을 대충 한번 훑어보고는 책상에 던지며 말하곤 했다.

그런 사장이 딱 한 번 즉시 돈을 보내주라고 한 적이 있었다. 그것은 브라질에서 팩스로 온 청구서였다. 청구서에는 물건의 상표, 가격, 금액 외에 빈 공간에 그림이 그려져 있었다. 커다랗게 쓴 'SOS' 옆에 눈물을 흘리고 있는 얼굴이 그려져 있었던 것이다. 몇 개의 선으로 그린 단순한 그림이었지만 그것만으로도 충분히 보낸 사람의 심정을 알 수 있었다. 이 독특한 청구서는 단숨에 친구와 사장의 시선을 사로잡았다.

사장이 말했다.

"어서 빨리 돈을 부쳐 주게나. 이 친구가 울고 있잖아."

사장과 친구 모두 청구서를 보낸 사람이 정말 울고 있지는 않을 거라고 생각했지만 어쨌든 그는 성공했다. 다른 청구서들을 단숨에 제치고 최우선으로 거액의 돈을 받았으니 말이다. '돈을 달라'는 똑같은 표현을 눈에 확 띄도록 유머러스하게 바꾸었기에 가능한 일이었다.

난관에 부딪힌 대부분의 사람들은 천편일률적이고 구태의연한 방식으로 그 난관에 대처한다. 그러나 때로는 아주 작은 개선만으로도 행운을 만들 수 있다. 톡톡 튀는 아이디어 뱅크가 되자.

잭Jack이 있을까?

칠흑 같은 어둠이 내린 밤, 외딴 도로를 달리던 자동차의 타이어가 터졌다. 운전을 하던 젊은이는 차에서 내려 공구상자를 뒤졌지만 잭Jack을 찾을 수가 없었다. 사고가 난 길은 반나절 동안 차 한 대도 지나갈 것 같지 않은 외진 길이었다. 그때 멀리서 불빛이 빛나는 집을 발견한 젊은이는 집주인에게 잭을 빌리기로 했다.

'집에 아무도 없으면 어떻게 하나?'

'잭이 없으면 어쩌지?'

'잭이 있어도 집주인이 빌려주려 하지 않으면 어떻게 하지?'

그 집으로 걸어가는 동안 그는 꼬리를 무는 이러저러한 근심들로 머릿속이 복잡하다 못해 화가 치밀었다. 그 집에 도착해 문을 두드리고 주인이 나오자 그는 다짜고짜 달려들어 고함을 질렀다.

"망할 자식, 당신의 잭이 뭐 그리 소중하다고!"

영문도 모르고 당한 주인은 젊은이를 정신병자라고 생각하고는 '

쾅'하고 문을 닫아 버렸다.

그는 어째서 그런 행동을 한 것일까? 그 집까지 걸어오는 동안 그는 '가상의 실패'에 빠지고 만 것이다. 부정적인 생각을 끊임없이 하다 보니 자신감을 상실하고, 틀림없이 잭을 빌리지 못할 것이라 미리 단정을 내린 것이었다. 결국 그 집에 다다랐을 때는 자신을 자제하지 못하고 욕부터 튀어나와 버렸다. 일상생활에서도 많은 사람들이 자신이 만든 부정적인 추리 때문에 자신을 불리한 상황으로 밀어 넣는 경우가 종종 있다.

어떤 일을 하기 전에 마음속으로 이렇게 말하지는 않는가? '아마 잘 안 될 거야.' 결국 일을 하기도 전에 당신은 믿음을 잃게 되고 십중팔구는 스스로 만들어 낸 불리한 방향으로 일이 진행되고 만다. 그것은 스스로 위기를 자처하는 꼴이다.

배려가 불러온 기적

미국이 경제 위기에 처해있던 1933년, 해리슨Harrison 방직 회사가 화재로 잿더미가 되었다. 집으로 돌아간 3000명의 노동자들은 비참한 심정으로 이사장의 파산 선고와 실업 소식을 기다렸다. 희망 없는 긴 기다림 끝에 그들은 이사회의 편지를 받았다. 편지에는 전 직원에게 한 달 치 월급을 지급한다는 내용이 씌어 있었다. 전국이 불황에 허덕이는 때에 뜻밖의 소식을 전해들은 직원들은 놀라지 않을 수 없었다. 그들은 기쁜 마음에 전화나 편지로 아론 퍼스Aron Firth 이사장에게 감사의 인사를 전했다.

한 달 후 다시 생계를 걱정하고 있던 직원들은 회사로부터 두 번째 편지를 받았다. 이사장은 또다시 전 직원에게 한 달 치 월급을 지급한다고 했다. 실업의 바람이 전국에 몰아치고 모두가 생계를 걱정할 때 이 같은 배려를 받고 감격하지 않을 사람이 어디 있겠는가? 다음날 그들은 회사로 달려가 자발적으로 폐허를 정리하고 기계를 닦았다. 어떤 이들은 스스로 거래가 끊긴 남부의 상품 공급원에 연락을 취했다. 그리고 3개월 뒤 해리슨 회사는 다시 운영되기 시작했다. 이 기적에 대해 당시 『크리스찬 사이언스 모니터』에서는 다음과 같이 묘사했다.

"직원들은 혼신의 노력을 기울여 해결 방법을 찾았다. 그들은 하루가 25시간이 아닌 것을 아쉬워하며 밤낮없이 일했다. 퍼스 이사장에게 보험 회사에서 배상을 받고 회사를 정리하라고 권한 사람들, 그가 감정적으로 일을 처리하고 비즈니스 정신이 부족하다고 비판하던 사람들은 자신들의 잘못을 인정할 수밖에 없었다."

현재 해리슨 회사는 60개 국가에 자회사를 갖춘 미국 최대의 방직 회사로 성장했다.

사람이 극복할 수 없는 역경은 없다. 그 역경을 극복하면 희망이 보인다. 포기하지 말라. 그 희망을 포기하기에는 아직 우리는 한 것이 없다.

하쿠인의 수난

일본의 하쿠인白隱 선사는 생활이 깨끗한 수행자였다. 마을의 주민들은 그를 칭송하며 그가 존경할 만한 성자聖者라고 생각했다.

한 부부가 선사가 사는 주변에 식품점을 열었다. 어느 날 그들의 예쁜 딸의 배가 아무 이유 없이 불러 오는 것을 발견했다. 이런 면목 없는 일을 당한 부모는 분노했다. 정숙한 딸이 이런 어처구니없는 일을 저지르다니. 부모의 추궁에도 딸은 일을 저지른 사람이 누군지 밝히지 않았다. 하지만 추궁이 계속 이어지자 결국 '하쿠인'이라는 이름을 털어놓았다. 그녀의 부모는 화를 참지 못하고 하쿠인을 찾아가 시비를 논했다. 하지만 이 대사는 긍정도 부정도 하지 않고 아무렇지도 않다는 듯이 말했다.

"그렇습니까?"

아이가 태어난 후 하쿠인에게 보내졌다. 그의 명성은 이미 바닥에 떨어졌지만 그는 조금도 개의치 않았다. 그저 매우 조심스럽게 아이들 돌보았다. 선사는 이웃에게서 아이에게 필요한 젖과 기타 용품을 구걸했다. 사람들의 눈총을 받고 비웃음을 당했지만 그는 항상 태연하게 받아들였다. 마치 다른 사람의 아이를 부탁 받고 돌보는 것 같았다.

일 년 지나고, 아이 엄마는 더 이상 속이지 못하고 부모에게 사실대로 털어놓았다. 아이의 생부는 어시장에서 일하는 한 청년이었다. 그녀의 부모는 즉시 그녀를 데리고 하쿠인에게 가서 사과하고 용서를 구했다. 하쿠인은 여전히 담담하게 받아들였다. 화를 내지도 않았고 그들에게 훈계를 하지도 않았다. 그는 그저 아이를 데려갈 때 가볍게 말했다.

"그렇습니까?"

마치 아무 일도 일어나지 않은 듯했다. 설사 있어도 미풍이 귓가를 스치듯 즉시 잊었다. '모욕을 참은' 하쿠인의 덕행은 그가 잠시 겪은 오명보다 더 오랫동안 칭송되었다.

우리가 겪은 좌절이나 모욕은 평생 동안 지워지지 않을 것이다. 참고 기다리면서 반전反轉의 기회를 노리자. 그 기회가 눈앞에 있을지도 모른다. 아님 당신을 향하여 이미 오는 중일지도 모른다.

처세의 기본

직원을 새로 채용한 회사의 사장이 직원과 만남의 시간을 가지며 신입 사원들의 이름을 일일이 호명했다.

"황화黃燁, huánghuá."

침묵만이 흐를 뿐 아무도 대답하지 않았다.

사장이 다시 한 번 호명하자 직원 하나가 일어서서 쭈뼛거리며 말했다.

"황이에黃燁, huángyè입니다. 황화라고 읽지 않습니다."

사람들 사이에서 낮은 웃음소리가 들려왔다. 일순간 사장의 얼굴이 굳어졌다.

그 때 한 젊은이가 자리에서 벌떡 일어나며 말했다.

"사장님! 제가 타자를 잘못 쳤습니다."

"일을 정말 엉터리로 하는군. 다음부터는 주의하게."

사장이 손을 저으며 다른 이름들을 계속 불렀다.

얼마 후 타자를 친 직원은 공공 관계 부서의 부장으로 승진했고 황
화라고 잘못 불렸던 직원은 해고되었다.

표면적으로 보면 이 사장은 지적 수준이 낮고 타자
를 쳤다는 직원은 아첨꾼이다. 하지만 누구나 지식의 허점이 있으며 실수
는 피할 수 없는 법이다. 다른 사람이 난처한 지경에서 빠져나올 수 있도
록 도와주는 것이야 말로 고단수의 방법이며 임기응변의 본질이다.

어느 사형수의 죽음

어느 나라에 잔인하기가 짝이 없는 국왕이 있었다. 그는 죄수를 사형시킬 때마다 새로운 방법을 궁리했다.

한 죄수가 다음날 사형에 처하게 되었는데, 그 방법이란 손에 칼부림을 해 피를 흘려 죽게 만드는 것이었다. 겁에 질린 죄수는 고통 없이 죽게 해달라고 눈물로 애걸했으나 아무 소용이 없었다.

다음날 아침, 죄수는 침대에 묶여 있었다. 사형집행인은 벽에 뚫린 구멍에 죄수의 손을 넣고는, 벽의 바깥쪽에서 칼로 그 손에 상처를 냈다. 그러자 아래에 받쳐 놓은 항아리로 피가 뚝뚝 떨어지기 시작했다.

"뚝…… 뚝…… 뚝……."

사방은 매우 고요했고, 피가 떨어지는 소리만 하염없이 들릴 뿐이었다. 죄수는 자신의 손에서 피가 떨어지는 소리를 들으며 엄청난 공포에 몸부림치다가 결국 죽어 버렸다. 그런데 사실 죄수의 손에서는 피가 흐르고 있지 않았다. 피가 떨어지는 소리는 그저 물방울 소리였을 뿐이었다.

심리적인 암시란 이토록 놀라운 것이다. 피가 흐르고 있는 것도 아닌데 자신이 지금 전신의 피를 쏟으며 죽어간다고 스스로 암시를 걸어 버린 죄수는 결국 죽고 말았다.

한 심리학자가 제2차 세계대전 당시의 강제 수용소에 관해 조사를 했는데, 그곳에서 자연사한 사람은 대부분 미혼자였다. 즉, 가족이 있는 사람들은 대다수가 살아남았다. 그들은 매일 가족을 위해 끝까지 살아남아야 한다고 의지를 다졌던 것이다. 강한 의지가 우리를 살린다.

스승의 숨은 뜻

한 음악과 학생이 연습실로 들어와 피아노 앞에 새로운 악보를 펼쳤다.

"최고 난이도……."

그는 악보를 뒤적이며 혼잣말로 중얼거렸다. 피아노 연주에 대한 자신감이 바닥으로 떨어지다 못해 전부 사라져 버린 것만 같았다. 새로운 지도 교수와 함께한 지 3개월이 되었다. 왜 교수님이 이런 방식으로 자신을 괴롭히는지 이해할 수가 없었다.

억지로 사기를 불러일으킨 그는 열 개의 손가락으로 분투했다. 피아노 소리가 연습실 밖에서 걸어오는 교수님의 발소리를 덮었다.

지도 교수는 유명한 피아노 대가였다. 수업 첫날 그는 자신의 새 학생에게 악보를 주며 말했다.

"한번 쳐 보아라."

악보는 생각보다 난이도가 높아서 가뜩이나 긴장으로 경직되어 있던 학생은 수도 없이 잘못 쳤다.

"아직 익숙하지 못하니 돌아가서 잘 연습해라."

교수는 수업을 끝내며 학생에게 당부했다.

일주일 뒤, 두 번째 주 수업 시간에 학생은 교수님의 테스트를 받을 준비를 마쳤다. 하지만 뜻밖에도 교수는 전보다 난이도가 더 높은 악보를 주었다.

"한번 쳐 보거라."

지난 주 수업은 아예 언급도 하지 않았다. 학생은 고난이도 악보 앞에서 다시 한 번 쩔쩔매야 했다.

세 번째 주. 이번에는 더 어려운 악보가 등장했다. 똑같은 상황이 반복되고 학생은 매번 수업 시간마다 새로운 악보 때문에 곤란을 겪었다. 악보를 가지고 돌아가면 다음 수업에 어김없이 더 어려운 악보가 기다리고 있었다. 어떻게 해도 진도를 따라갈 수가 없었다. 악보를 보면서 연주를 해도 익숙해지는 느낌이 조금도 들지 않았다. 학생은 점점 더 불안해지고 풀이 죽어 용기를 잃어갔다.

교수가 연습실로 들어오자 더 이상 참을 수 없었던 학생은 이 피아노 대가에게 지난 3개월 동안 어째서 자신을 그렇게 괴롭혔는지 물어 보았다. 교수는 말없이 가장 처음에 배운 악보를 뽑아 학생에게 주었다.

"연주해 보아라."

그는 단호한 눈빛으로 학생을 바라보았다.

불가사의한 일이 일어났다. 학생 자신도 놀랍게도 그는 이 곡을 너무나 아름답게 연주할 수 있었다. 교수는 두 번째 수업 때의 악보도 주었다. 여전히 최고 수준의 연주를 할 수 있었다. 연주가 끝나자 학생은 어안이 벙벙해서 선생님을 바라보았다.

"만일 자네에게 가장 잘할 수 있는 것만 연주하게 했더라면 자네는 아직도 첫 번째 악보를 연습하고 있었을 거네. 지금 같은 발전은 기대도 할 수 없었을 거야."

사람은 자신이 익숙하고 잘하는 부분을 드러내려는 습성이 있다. 하지만 자세히 살펴보면 깨달을 수 있을 것이다. 성공하기 위해 바삐 움직이며 시도했던 도전, 갈수록 난이도를 더해 가던 주변 환경의 압박이 오늘의 제반 능력을 만들어준 것은 아닐까?

이상한 지출 명세서

어느 건축회사 사장이 지출 명세서를 받고 의아해 하고 있었다. 부하 직원이 쥐 두 마리를 구입한 것이었다. 이상하게 여긴 사장은 그를 불러 쥐를 산 이유를 물어 보았다.

"지난주에 저희가 수리한 건물에 새 전선을 설치해야 했습니다. 10미터 길이에 직경이 2.5센티미터밖에 되지 않는 파이프에 전선을 통과시켜야 하는데, 파이프는 벽돌 틈에 묻혀 있는데다가 네 군데나 각이 져 있었습니다. 어떻게 전선을 설치해야 할까 모두 고민하던 중 제가 좋은 방법을 생각해 냈습니다.

저는 상점에서 암수 한 마리씩 작은 쥐를 사왔습니다. 그러고는 수컷 쥐의 몸에 줄을 묶고 파이프 끝에 가져다 놓은 뒤, 반대편 파이프 끝에 암컷 쥐를 가져다 놓고 찍찍 소리를 내게 했죠. 소리를 들은 수컷 쥐는 암컷 쥐를 구하기 위해 파이프를 따라 달려갔습니다. 자연히 수컷의 몸에 묶은 줄도 같이 딸려 갔죠. 저는 줄에 전선을 묶었고, 수컷 쥐는 전선을 끌고 파이프를 통과했답니다."

상상력은 과학적 사고의 출발이다. 피카소는 "모든 아이들은 예술가이다. 문제는 어른이 된 후에 예술가의 영감을 계속 유지하는가에 달려 있다."라고 말했다.

모로 쳐도 바로 맞다 歪打正着

금융계에서 일하는 사람이 있었다. 중국 인민은행 본점의 연구원을 목표로 삼은 그는 『중국 금융사』세 권을 책이 너덜너덜해질 때까지 공부했지만 몇 년째 계속 시험에 떨어지고 말았다.

그 사이 친구들이 계속 옛날 동전을 가져와 그에게 자문을 구했다. 처음에 하나하나 자세히 설명을 해주던 그는 점차 친구의 친구까지도 와서 묻는 일이 많아지자 아예 『중국 역대 동전 소개』라는 책을 만들었다.

그동안 배운 지식도 정리하고 친구들이 쉽게 자료를 찾을 수 있는 일석이조의 방법이었다.

10년 뒤, 그는 여전히 연구원이 되지 못했지만 그의 책은 어떤 출판업자의 눈에 들어 10만 부를 출판했고 베스트셀러가 되었다.

그가 적잖은 돈을 번 것은 말할 것도 없다.

당신의 인생목표나 이상, 목적지는 어쩌면 매우 멀리 있을지도 모른다. 하지만 등산을 하듯 포기하지 않고 꾸준히 다가가다 보면 도중에 아름다운 풍경도 보고 달콤한 과일을 얻을 수도 있을 것이다.

농작물을 심는 목적은 바로 수확이다. 심은 목적이 의도적이든 그렇지 않든 그건 중요하지 않다.

빗속의 노점상

새벽부터 비가 쏟아져 내리자 길가에서 먹을거리를 팔던 노점상들은 장사를 할 수가 없었다.

점심때가 다가오자 배가 고파진 과자 장사꾼이 자기가 구운 과자를 먹었다. 이미 한 무더기를 구워놓았지만 어차피 다 팔지도 못할 터였다.

수박을 파는 장사꾼도 심심하던 차에 수박 하나를 쪼개서 먹었다. 이들을 옆에서 지켜보던 말린 매운 두부와 딸기를 파는 사람들도 자신의 물건들을 먹기 시작했다.

장사가 안 되어 계속 자기 물건만 먹던 장사꾼들은 점점 질리기 시작했다.

딸기를 팔던 사람은 입안이 너무 시큼해서 죽을 지경이었고, 매운 두부 장사꾼은 너무 매워서, 과자를 파는 사람은 목이 너무 메어서, 수박을 파는 사람은 배가 너무 불러서 죽을 지경이었다.

이때 빗속에서 네 명의 젊은이가 즐겁게 웃고 떠들며 와서는 네 가지 음식을 골고루 사서 근처의 정자에 앉아 나눠 먹었다. 맵고, 시고, 달달한 것이 서로 조화를 이루어서 아주 맛있었다.

자급자족은 낙후된 경제이다. 교환은 서로의 부족분을 보완하는 열쇠가 될 것이다. 주변을 둘러보라. 자신의 곤경을 해결할 수 있는 해답들이 도처에 있을 것이다.

공포의 열다섯 시간

제2차 세계대전이 끝나기 전에 해군으로 복무 중일 때 일어난 이야기입니다.

1945년 3월, 인도차이나 반도 부근 약 80미터 아래의 바다 속에서 저는 인생에서 가장 중요한 것을 배웠습니다. 그때 저는 잠수함에서 복무 중이었는데, 어느 날 레이더에 일본 군함들이 걸려들었습니다. 구축함 한 척, 석유발동선 한 척, 그리고 기뢰 부설함 한 척 등 총 세 척이 우리를 향해 다가오고 있었죠. 우린 어뢰를 다섯 발이나 발사했지만, 모두 명중시키지 못했어요. 그때 기뢰 부설함이 코앞까지 다가왔습니다. 일본 군용기가 우리의 위치를 알려준 게 분명했죠. 일단 우리는 45미터를 잠수해서 그들의 정찰을 피했습니다. 그리고 어뢰로 대응할 준비를 했어요. 모든 냉각 시스템과 발전기를 껐습니다. 3분 뒤에 천지가 뒤바뀔 정도로 굉음이 일었습니다. 어뢰들이 사방에서 터지는 바람에 저희는 약 80미터의 바다 속으로 내려갔습니다. 그 후로도 기뢰는 장장 열다섯 시간 동안 쉴 새 없이 터지더군요. 한 스무 개쯤은 잠수함에서 15미터쯤 되는 곳에서 터졌어요. 만약 5미터쯤 되는 곳에서 터졌다면 잠수함은 박살나고 말았겠죠.

그때 우리는 명령에 따라 조용히 침상에 누워 있었습니다. 침착함을 유지하라는데, 사방에서 펑펑 폭탄이 터지는 마당에 그게 어디 쉽겠습니까? 저는 숨도 못 쉴 지경이었죠. 이번엔 정말 끝장이구나 싶었습니다. 잠수함의 내부 온도가 거의 40도에 육박했지만 저는 온몸을 덜덜 떨고 있었죠. 너무도 두려웠습니다. 다행히 열다섯 시간 뒤에 공격이 멈췄습니다. 일본군이 폭탄을 다 써버리자 그대로 돌아간 거죠.

공포의 열다섯 시간이 꼭 1,500만 년쯤은 되는 것 같더군요. 침상에 누워 있는데, 그때까지의 제 삶이 주마등처럼 펼쳐졌어요. 제가 저지른 잘못과, 별것도 아닌 일에도 안절부절못했던 쭉정이 같은 시간들 말입니다. 집 살 돈이 없어서, 자동차 살 돈이 없어서, 아내에게 제대로 된 옷 한 벌 사줄 돈이 없어서 얼마나 속상했던지. 그런 자격지심으로 걸핏하면 화를 내는 바람에 아내와도 자주 싸웠죠. 그런데 잠수함에서의 열다섯 시간 동안 그 모든 일이 얼마나 부질없게 느껴지던지, 부끄럽기 짝이 없더군요.

해저에서 공포의 열다섯 시간을 경험할 순 없겠지만, 혹, 지금 이마에 난 작은 흉터 하나를 신경 쓰느라 다른 어떤 것을 사랑할 수 있는 시간들을 낭비하고 있는 것은 아닌지.

닉슨의 결정

베트남 전쟁 때 미국의 닉슨 대통령이 지휘관에게 물었다.

"장군, 베트남 전쟁에서 우리의 목표는 무엇이오?"

"적군의 정복과 평정입니다."

장군은 자신만만하게 대답했다.

"그러기 위해서 뭐가 필요한가?"

"군사 40만 명을 지원해 주십시오."

"작년 이맘때 장군은 20만 명이면 충분하다고 하지 않았소? 그래, 군사 20만으로 적군을 몇이나 평정했소?"

"저희가 도착한 후 저항 세력이 배로 증가했습니다."

이에 닉슨 대통령이 고개를 가로젓더니 결론을 내렸다.

"군사 20만을 파견했을 때 저항군이 두 배가 되었다? 그럼 40만 명을 파견하면 저항 세력이 네 배가 되겠군. 내가 보기에는 베트남에 군대를 계속 파견하는 것은 현명한 생각이 아닌 것 같네."

결국 미국은 닉슨의 결정으로 베트남이라는 늪에서 빠져나왔다.

아직도 밑 빠진 독에 물을 붓고 있지 않은가? 거둬야 할 때는 거둬라. 손에서 놓을 줄도 알아야 한다. 잘 되지 않거나 이미 실패한 일에 계속 몰두하는 것이 무슨 의미가 있는가? 아까운 시간만 허비하는 꼴이다. 시간은 금이다.

총명한 과부

청나라 때 한 지혜로운 여성이 있었다. 이 여인은 결혼 후 부유하게 살지는 못했지만 부부간에 서로 아끼고 사랑했다.

일 년 후 남편이 돌연 불치병에 걸려 세상을 떴다. 아내는 아직 스무 살도 되지 않았다. 시어머니도 일찍 돌아가셔서 집안에는 40대의 시아버지와 시동생만 있었다. 젊은 부인은 밤낮으로 집안일을 하며 고생을 마다하지 않았다. 그러나 한참 젊은 나이에 밤마다 독수공방을 견디는 것이 힘들어진 그녀는 재가하고 싶은 마음이 굴뚝같았다.

하지만 이는 예삿일이 아니었다. 시댁이 있는 마을은 원래 '순박하고 인정이 두텁고 풍속이 맑기로' 유명했다. 마을 사람들은 정절과 지조를 매우 중요시하여 마을 곳곳에 정절비만도 여러 개 있을 정도니 갑자기 재가를 요구하면 시댁에서 받아들이지 않을 터였다.

어떻게 해야 하나? 어린 과부는 마침내 묘책을 생각해 내었다. 그녀는 친정집에 가는 기회를 이용해 아는 사람에게 소송장을 부탁해

숨겨 두었고, 후에 다른 마을의 매파를 통해 한 남자의 청혼도 받아들였다. 예상대로 시댁과 마을 사람들의 강경한 반대에 부딪쳤고 결국은 소송을 벌일 수밖에 없었다. 어린 과부는 미리 준비한 소송장을 꺼내 현령에게 보여주었다.

"남편은 죽고 아내는 어린데, 시아비는 건강하고 시동생은 장성했네. 참외 밭이나 배나무 아래처럼 의심받기 쉬운 곳이니 시집을 가야 하지 않겠소?"

현령은 소송장을 읽고 한참을 생각하더니 재가의 요구를 허락했다. 속으로는 이 젊은 과부의 지혜에 탄복하지 않을 수 없었다. 그녀는 절개를 지키는 것보다 더욱 위험한 상황이 일어날 수 있다는 지적을 하여 자신의 목적을 달성한 것이다.

어려운 문제를 해결하기 위해 다른 곳을 공략하고 게다가 목적은 여전히 절개를 보호하기 위한 것처럼 보인다. 실제로 고단수이다.

3일만 기다리자

미국을 방문한 한 중국 여류작가가 뉴욕의 거리에서 꽃을 파는 노부인을 만났다. 낡은 옷을 걸친 노부인은 몸도 매우 허약해 보였지만 얼굴만은 자상하고 기쁨에 넘쳐 보였다. 여류작가는 꽃을 한 송이 고르며 물었다.

"기분이 좋아 보이시네요."

"왜 아니겠어요? 모든 것이 이토록 아름다운데."

"당신은 번뇌를 달관할 줄 아는가 보군요."

여류 작가는 별 생각 없이 말했다. 하지만 노부인의 대답에 작가는 크게 놀랐다.

"예수님이 십자가에 못 박히신 성금요일은 전 세계의 가장 불행한 날이었죠. 하지만 예수님은 3일 뒤 부활하셨어요. 그러니 불행을 만났을 때 3일만 기다리면 모든 것이 정상으로 회복될 거예요."

평범하지만 얼마나 철학적인 생활 방식인가. 번뇌와 고통을 버리고 기쁨을 기다리자.

'3일만 기다리자.'

어떠한 불행과 고통도 마음속에 유통기한을 정해 두
고 기간이 지나면 모두 폐기시켜라.

베르베르의 대답

많은 소설과 극본을 쓴 프랑스의 저명한 작가 베르나르 베르베르 Bernard Werber는 프랑스의 영화와 연극사에서 아주 특별한 작가이다. 그의 작품은 많은 사람들의 주목을 집중시키는 아주 묘한 매력을 지니고 있다.

언젠가 프랑스의 한 신문사가 두뇌경연대회를 개최한 적이 있었다. 당시 수만 명의 참가자들이 이 대회에 참가하기 위해 몰려들었다. 베르나르도 이 대회에 참가했었는데, 그는 수만 대 1의 경쟁률을 뚫고 당당히 우승을 차지했다.

이 대회에서 아주 독특한 질문 하나가 참가자들에게 제시되었다.

"만약 루브르 박물관에 화재가 나서 단 한 점의 그림만 가지고 나올 수 있다고 가정한다면, 당신은 어떤 그림을 선택하겠는가?"

이에 베르나르는

"나는 출입구에서 가장 가까이에 있는 그림을 들고 나오겠소."

라고 대답했다.

위험에서 빨리 벗어나는 것은 화려한 목표가 아니라 당장의 실현 가능한 목표다. 실현 가능한 목표들을 설정하고 차근차근 이루어 가는 것이 위험으로부터 벗어날 수 있는 방법이다. 주어진 상황과 조건에 맞는 목표를 설정하고 실행하라. 성공으로 가는 실마리는 거기에 있다.

2장

인생 최고의 교육

빌 게이츠가 가진 것

1965년, 나는 시애틀Seattle의 초등학교 도서관에서 관리원으로 일하고 있었다. 어느 날, 동료가 아주 총명한 아이라며 4학년 학생 한 명을 도서관 업무 보조로 추천해주었다. 그리고 얼마 후에 작고 깡마른 남학생이 찾아왔다. 나는 그 소년에게 우선 도서 분류법을 설명해 준 뒤에 제자리가 아닌 곳에 있는 책을 원래 자리로 옮겨 놓는 일을 맡겼다. 그때 소년이 물었다.

"탐정처럼 말이죠?"

"그렇지."

그 뒤로 소년은 미로 같은 서가를 열심히 누비고 다녔다. 쉬는 시간까지 그는 잘못된 곳에 꽂혀 있던 책을 세 권이나 찾아냈다.

다음날, 소년은 더 일찍 와서 더 열심히 일했다. 그리고 그날 일을 마쳤을 때 그는 정식 사서로 일하게 해달라고 했다.

그렇게 해서 일을 시작한 지 2주쯤 흘렀을까, 어느 날 소년이 나를 집으로 초대했다. 저녁 식사 중에 나는 그의 어머니로부터 이사를 가게 되었다는 소식을 듣게 되었다.

소년이 걱정스러운 얼굴로 말했다.

"제가 없으면 누가 그 책들을 제자리로 돌려놓죠?"

그 뒤로도 그 소년을 잊을 수가 없었다. 그런데 얼마 후, 그 소년이 도서관에 다시 나타났다. 전학 간 학교의 도서관에서는 학생을 쓰지 않았기 때문에 다니던 학교로 다시 전학을 왔다는 것이다. 대신 그의 아버지가 차로 등교시켜 주기로 했다는 것이다.

"아빠가 못 오시면 걸어서 오면 돼요."

소년은 빙긋이 웃으며 말했다. 소년을 보면서 나는 앞으로 그가 세상에서 하지 못할 일이란 없을 거라고 생각했다. 하지만 그가 미국 최고의 갑부가 될 줄은 꿈에도 몰랐다. 그 소년의 이름은 빌 게이츠William H Gates였다. 정보화 시대의 천재이며 마이크로소프트의 주인이 된 바로 그 빌 게이츠 말이다.

위대한 인물들에게는 남과 다르거나 뛰어난 면이 일찍부터 혹은 뒤늦게 나타난다. 이런 '남다른 점'은 그들이 유명해지기 전에는 금방 사라지는 혜성처럼 다른 사람들의 주의를 끌지 못한다. "천재는 1%의 영감과 99%의 노력으로 만들어진다."는 에디슨의 말처럼, 남다른 능력을 가져도 그것을 발전시킬 노력과 끈기가 없다면 대성大成할 수 없다. 끈기와 노력은 성공을 위한 히든카드이다.

처칠도 나무에서 떨어진다

죽어서 천당에 간 아인슈타인Albert Einstein이 4인실에 배정되었다. 그가 첫 번째 룸메이트에게 아이큐가 몇이냐고 물었더니 160이었다. 아인슈타인은 매우 기뻐했다.

"잘 됐어! 여기도 상대성 이론을 토론할 동료가 있군."

두 번째 룸메이트의 아이큐는 120이었다. 약간 실망한 아인슈타인은 한숨을 내쉬며 말했다.

"괜찮아, 수학 문제 정도는 함께 토론할 수 있으니까."

마지막으로 세 번째 룸메이트의 아이큐는 80이 채 안 되었다. 아인슈타인은 미간을 찌푸리며 절망하더니 이렇게 말했다.

"우리는 주식 말고는 할 얘기가 없겠군."

주식 투자자를 풍자한 이 이야기는 지나친 감이 있긴 하지만 역설적으로 진리를 말하고 있다. 주식 시장에서는 학력이나 아이큐, 사회

배경, 지위 등으로 개인의 우열을 가릴 수 없다.

앞의 이야기는 허구일 뿐이기에 예로 들기에 충분하지 못하나, 영국의 전 수상 윈스턴 처칠Winston Leonard Spencer Churchill이 월스트리트에서 자신의 재능을 시험해 보려다가 참패하고 만 이야기는 사실에 근거하고 있어 들어봄 직하다.

1929년 처칠은 오랜 친구이자 미국 증권계의 거두인 베르나르 바루크Bernard Baruch와 함께 월스트리트 증권 거래소를 방문했다. 그는 팽팽한 긴장과 열정이 가득한 증권 거래소의 분위기에 이내 빠져들고 말았다. 쉰 살이 넘은 중년의 나이에도 불구하고 여전히 모든 일에 자신만만했던 처칠에게 주식으로 돈을 버는 일쯤은 식은 죽 먹기보다 더 쉬워 보였다. 그래서 '늙은 여우' 처칠은 바루크에게 계좌를 하나 터달라고 하여 주식에 투자를 하기 시작했다.

처칠은 첫 번째 거래에서 보기 좋게 참패했다. 처칠은 체면을 구겼으나 굴하지 않고 가능성이 높아 보이는 영국 주식을 또 구입했다. 그러나 주가는 그의 바람과는 달리 곤두박질쳤다. 거래를 하면 할수록 그는 진흙구덩이 속으로 더욱 빠져 들어갈 뿐이었다. 어느새 오후의 파장罷場을 알리는 종이 울리자 몹시 놀란 처칠은 그만 망연자실했다. 하루 만에 파산해 버린 것이었다. 그때 바루크에게서 장부 하나를 건네받았는데, 거기에는 그의 '찬란한 성적'이 기록돼 있었다.

또한 바루크는 아무리 총명한 처칠이라고 해도 주식 시장에서만큼은 통하지 않을 것이라고 생각했다. 그는 처칠의 이름으로 계좌를 하나 더 만들어 처칠이 사고파는 주식의 상대를 또 다른 처칠로 해두었다. 이 수치스러운 경력에 대해 처칠은 줄곧 함구해 왔으나, 바루크의 회고록에 자세히 기록되어 있다.

자만은 금물! 매사에 준비하고 연구하라. 원숭이도 나무에서 떨어질 때가 있다. 더군다나 자신의 전문 분야 외의 다른 것을 이해하기란 어렵다. 한 분야에서의 성공이 모든 곳에서 다 통하지는 않는다. 자신의 분야에서 최선을 다하자.

쓰투옌언의 첫 거래

미국 월스트리트를 깜짝 놀라게 한 화교 출신 주식 투자자 쓰투옌언司徒炎恩. 그는 열 살부터 『월스트리트 저널The Wall Street Journal』 『포브스Forbes』 등 경제 잡지와 아담 스미스Adam Smith, 케인즈John Maynard Keynes, 사무엘슨Paul A Samuelson 등이 쓴 경제학 저서를 읽기 시작한 신동이었다.

그는 공부하는 시간 외에 남는 시간에는 주식 시장을 연구했다. 열여섯 살 때 개인 투자기금을 관리하기 시작했고 연이어 30% 이상의 수익을 올리기도 했다. 『월스트리트 저널』은 1면에 그의 성과를 보도하면서 '월스트리트의 늙은 투자 전문가들을 부끄럽게 하기에 충분하다'라고 칭찬했다. 그의 천재적인 투자 능력은 열 살 때부터 드러났다.

"열 살 때 난생 처음으로 거래를 했습니다. 당시 제가 다니던 학교에 요요Yoyo가 굉장히 유행을 했어요. 많은 아이들이 던킨 표의 요요를 좋아했지만 우리 학교 부근의 상점에서는 팔지 않았어요. 알아보니 우리 집에서 몇 킬로미터 떨어진 상점에 던킨 표 요요가 많이 있더군요.

목표를 정한 저는 계획을 짜고 일을 실행했죠. 우선 요요를 사고 싶어 하는 아이들에게서 주문을 받았어요. 그리고 운송비를 포함한 계약금을 미리 받았죠. 매주 친구들의 주문서를 모아서 엄마에게 드리면 엄마가 차를 몰고 그 상점에 가서 요요를 사오셨어요.

정말 대단한 성공을 거두었죠. 또래 아이들이 흔히 하는 레모네이드 좌판보다는 벌이가 꽤 좋았어요. 제가 어디서 요요를 사오는지 아무도 몰랐어요. 설사 알았다고 해도 혼자서 그 먼 길을 갈 아이는 없었겠죠. 게다가 엄마에게 데려다 달라고 조르는 것보다는 제게 주문해서 사는 것이 더 수지맞았겠죠. 그 당시 전부 합쳐서 20달러를 벌었어요. 열 살짜리 아이에게 20달러는 작은 돈이 아니었죠. 그리고 저는 그 돈보다 더 값진 것을 배웠답니다. 공급과 수요의 원리를 깨달았고 동시에 주식 투자에 필요한 기교를 익힐 수 있었던 거죠."

이 열 살 꼬마의 눈에는 사방에 돈을 벌 기회가 널려 있었다. 그가 할 일은 그저 허리를 숙여 그 기회를 줍기만 하면 되었다. 물론 생활 속에서 경제를 읽을 줄 아는 눈을 미리 갖추고 있어야 한다. 아는 만큼 볼 수 있다.

부브카의 '1센티미터'

우크라이나의 장대높이뛰기 선수인 세르게이 부브카Sergey Bubka는 '1
센티미터의 왕'이라는 별명을 갖고 있다. 중요한 시합에서 그는 거의
매번 자신이 보유하고 있던 기록을 1센티미터씩 갱신했기 때문이다.

부브카의 비결은 바르셀로나 올림픽에서 드러나게 되었다. 공개 훈
련장에서 6미터 25센티미터를 몇 번이고 거뜬히 뛰어넘던 부브카가
막상 정식 시합에서는 자신의 실력을 다 내보이지 않고 종전 기록보
다 1센티미터씩만 기록을 올려나간 것이다.

알고 보니 그는 스폰서와 올림픽 조직위원장으로부터 기록을 갱신
할 때마다 75만 달러의 상금을 받기로 되어 있었던 것이다. 기록을
한 번에 크게 올리는 것보다는 조금씩 올려야 더 많은 상금을 받을 수
있는 것은 당연지사였다.

부브카는 이런 방법으로 여러 해 동안 영웅의 자리를 유지해 갔다.
물론 그의 실력이 모자랐다면 불가능한 일이었다.

만약 부브카가 잔꾀를 부린 것이 못마땅하면 당신이 그보다 더 높이 뛰면 될 일이다.

때로는 지속적인 발전이 단숨에 정상에 오르는 것보다 현명하고 경제적이다. 내일을 위해 힘을 아껴 두고 매일 한걸음씩 발전하면 그 성취감에 매일 조금씩 더 즐거울 수 있다. 자기 스스로 동기부여를 하는 셈이니 일하는 것이 어찌 즐겁지 않겠는가.

야마다의 풀코스 완주법

1984년 도쿄 국제 마라톤 초청 대회에서 당시에는 별로 유명하지 않던 일본 선수 야마다(山田本一)가 예상외의 우승을 거두었다.

대회가 끝나고 한 기자가 그에게 물었다.

"대부분의 사람들이 당신의 우승을 예상하지 못했을 겁니다. 혹시 당신만의 우승 비결 같은 것이 있습니까?"

기자의 질문에 그는 다음과 같이 대답했다.

"지혜로 상대 선수를 이겼습니다."

당시 모든 사람들은 우연히 우승을 차지한 왜소한 선수가 일부러 알쏭달쏭한 말을 한다고 생각했다.

마라톤은 체력과 인내력을 요하는 운동이다. 좋은 신체적인 조건과 인내심이 우승의 전제 조건이며 폭발력과 속도는 그 다음으로 중요한 요인이다. 그런데 지혜로 승리를 거두었다니. 얼토당토않은 말이었다.

2년 후 국제 마라톤 초청 대회가 이탈리아 북부 도시 밀라노(Milano)에서 개최되었다. 야마다는 일본을 대표하여 대회에 참가했고 이번에도 우승을 차지했다. 기자들은 다시 한 번 그에게 인터뷰를 요청했다.

야마다는 성격이 고지식하고 말수가 적은 편이었다. 그의 대답은 지난번과 같았다.

"지혜로 상대 선수를 이겼습니다."

이번에는 기자들도 더 이상 그를 비웃지 않았다. 하지만 그가 말하는 지혜가 무엇인지 도무지 알 수가 없었다.

10년 후 마침내 야마다의 수수께끼가 풀렸다. 자서전에서 야마다는 다음과 같이 밝혔다.

"매번 시합을 하기 전에 나는 차를 타고 경기의 노선을 자세히 살펴보며 길가에서 눈에 띄는 표지를 마음속에 그렸다. 예를 들면 첫 번째 표지로 은행을 마음속에 그려 넣고, 두 번째로 커다란 나무를, 세 번째 표지로 붉은 벽돌집 등등을 표지로 그려 넣었다. 이런 방식으로 마라톤 코스의 결승점까지 달려 나갔다.

시합이 시작되면 나는 백 미터를 달리는 속도로 힘을 내어 첫 번째 목표로 달려갔다. 첫 번째 목표에 도달한 후 다시 같은 속도로 두 번째 목표를 향해 달렸다. 사십여 킬로미터의 마라톤 코스를 몇 개로 분할해 목표로 삼고 그것을 차례로 달성함으로써 완주할 수 있었다.

처음에는 나도 이런 이치를 이해하지 못하고 목표를 결승선에 맞췄다. 그러나 불과 십여 킬로미터를 뛰었을 뿐인데 나는 벌써 지쳐

버리고 말았다. 아직도 많이 남아 있는 여정에 겁을 먹고 지고 만 것
이다."

               살아가면서 우리는 도중에 포기하는 경우가 있다.
일이 너무 어려워서가 아니라 성공이 너무 멀리 있다고 느끼기 때문이다.
정확히 말하면 실패해서 포기한 것이 아니라 지쳐서 실패한 것이다. 인생
이라는 마라톤 코스를 달리면서 야마다의 지혜를 마음속에 새긴다면 후
회와 번뇌를 줄일 수 있을 것이다.

이유 있는 차별

동갑내기 친구 사이인 아놀드와 부르노는 같은 가게에 함께 취직되었다. 아놀드가 승승장구하며 출세를 할 동안, 부르노는 제자리걸음만 할 뿐이었다. 부르노는 결국 사장을 찾아가 그동안의 불평불만을 쏟아냈다. 그는 아놀드와 자신이 다를 것이 없다고 생각하고 있었다.

'어떻게 하면 그에게 아놀드와의 차이점을 잘 설명할 수 있을까?'

마침내 묘안이 떠오른 사장이 입을 열었다.

"부르노, 지금 당장 시장에 가서 누가 무엇을 팔고 있는지 보고 오게나."

곧 시장에서 돌아온 부르노가 이렇게 보고했다.

"농부 한 명이 감자를 싣고 와 팔고 있던데요."

"그래, 물량은 얼마나 되던가?"

부르노는 모자를 쓰고는 다시 시장으로 달려갔다가 돌아왔다.

"40자루요."

"음, 그렇군. 그럼 가격은 얼마나 하던가?"

그에 부르노는 또다시 시장으로 달려가 가격을 묻고는 돌아왔다. 이번이 벌써 세 번째였다.

"부르노, 와서 앉게나. 그리고 아놀드는 어떻게 하는지 잘 보게."

사장의 지시에 따라 시장에 다녀온 아놀드는 이렇게 보고했다.

"농부가 감자를 팔고 있었습니다. 물량은 총 40자루이고, 가격은 XX입니다. 감자가 좋아 보여서 제가 하나 가져왔습니다. 사장님께서 직접 한번 보시죠. 참, 이 농부가 한 시간 뒤에 토마토를 몇 상자 가져온다고 하더군요. 맛이 아주 좋아서 어제 많이 팔았다고 합니다. 그래서 물량이 얼마 안 남았다던데, 가격 역시 합리적이라 토마토 샘플도 하나 가져왔습니다. 이렇게 맛있고 저렴한 토마토라면 사장님도 좋아하실 것 같아서요. 그리고 그 농부도 데려왔습니다. 지금 밖에서 사장님과의 면담을 기다리고 있어요."

사장은 흐뭇한 미소를 지으면서 부르노에게 말했다.

"이제 알겠나? 아놀드가 자네보다 월급을 더 많은 이유 말일세."

똑같은 일이라도 뜻을 가지고 하는 사람은 훌륭하게 해낸다. 같은 일이라도 머리를 안 쓰면 손발이 고생하게 마련이다. 당신에 대한 타인의 태도는 곧 당신이 일한 결과에서 기인한다는 사실을 명심하자. 당신에 대한 타인의 태도는 당신이 일을 어떻게 처리했는지를 정확하게 보여 준다.

덴의 집념과 도전

통계 자료에 의하면 일본에는 1만 3,500개의 맥도날드 지점이 있으며 지점들의 1년 영업 총액은 40억 달러에 달한다. 이 두 데이터의 주인은 후지타 덴藤田田이라는 노인이다.

일본 맥도날드 지사의 명예 회장인 후지타 덴은 1965년 와세다 대학교早稻田大學校 경제학과를 졸업했다. 졸업 후 전기 회사에서 일하던 그가 1971년 맥도날드를 경영하게 된 데는 사연이 있었다.

전 세계적으로 유명한 패스트푸드 회사인 맥도날드는 자신만의 고유한 체인 경영 메커니즘을 가지고 있다. 이 특별한 경영을 맡으려면 상당한 재력과 회사에서 요구하는 특별한 자격요건을 만족시켜야 했다.

하지만 덴은 당시 대학을 졸업한 지 몇 년 되지 않았고 별다른 재산도 없는 노동자에 불과했다. 맥도날드 본사에서 요구하는 75만 달러 현금과 중등 규모 이상 되는 은행의 신용 지원이라는 엄격한 조건과는 거리가 멀었다. 저축액이라고는 5만 달러도 채 안 되었던 후지타 덴은 미국의 패스트푸드 문화가 일본에서 발전 가능성이 충분하다고 내다보고는 어떠한 대가를 치르더라도 맥도날드 사업을 벌이기로 결심했다.

온갖 방법과 머리를 써서 돈을 빌리려 했지만 일이 뜻대로 되지 않아 5개월 동안 겨우 4만 달러밖에 빌리지 못했다. 돈이 터무니없이 모자란 상황에서 보통 사람이었다면 일찌감치 포기했을 것이다. 하지만 후지타 덴은 역경 앞에서도 꿈을 포기하지 않았다.

따뜻한 바람이 불어오는 어느 화창한 이른 아침, 덴은 옷을 말끔히 차려입고 자신감을 잔뜩 불어넣고 스미토모 은행의 총재 사무실로 들어갔다. 총재에게 자신의 사업 계획을 설명하고 도움을 청했지만 그의 설명을 들은 은행의 총재는

"우선 돌아가 계시죠. 제가 한 번 고려해 보겠습니다."

라고 말했다.

후지타 덴은 실망했지만 곧 기운을 차리고 총재에게 말했다.

"제가 선생님께 5만 달러를 어떻게 모았는지 말씀드려도 되겠습니까? 그 돈은 제가 육 년 동안 매달 저축으로 모은 돈입니다. 육 년 동안 저는 어떤 일이 있어도 빠지지 않고 매달 월급의 3분의 1을 저축했습니다. 돈이 필요해서 더 이상 참을 수 없을 정도로 힘든 경우가 셀 수 없이 많았지만 저는 이를 악물고 버텼습니다. 의외의 사고로 돈이 필요할 때도 저축을 빼뜨리지 않을 정도였지요. 심지어 얼굴에 철판을 두르고 사방에서 모자란 돈을 빌려 저축을 하기도 했습니다.

저축 말고는 제게 다른 방법이 없었기 때문입니다. 대학의 문을 나서는 그날 저는 큰 꿈을 세웠습니다. 10년 안에 10만 달러를 모아서 사업을 시작하고 남들보다 뛰어난 사람이 되겠다는 꿈이었습니다. 그러나 지금 꼭 잡아야 할 기회가 생겨서 계획보다 미리 사업을 시작해야만 합니다."

그의 이야기를 들을수록 총재의 표정이 엄숙해졌다. 총재는 덴에게 적금을 든 은행의 주소를 묻고는 말했다.

"좋소, 젊은이. 내가 오후에 확답을 주겠소."

덴을 배웅한 총재는 즉시 차를 몰고 그 은행을 찾아가 덴의 저축 현황에 대해 직접 조사했다. 총재의 의도를 알아차린 창구의 여직원이 덴에 대해 자세히 설명해 주었다.

"아, 후지타 덴 씨요. 그 분은 제가 만나 본 사람 중에 가장 끈기 있고 예의 바른 젊은이예요. 6년 동안 무슨 일이 있어도 항상 정확하게 기일을 지켜 우리 은행에 와서 돈을 저축했답니다. 솔직히 말해 이렇게 엄격한 사람은 정말 본 적이 없다니까요. 그에게는 두 손 두 발 다 들었어요."

아가씨의 말을 듣고 크게 감동을 받은 총재는 그 자리에서 아무 조건 없이 사업 자금을 빌려주겠다고 전화했다. 궁금해진 덴이 물었다.

"어째서 저를 지원해 주겠다고 결심하신 겁니까?"

전화기 건너편의 총재가 감상에 젖은 목소리로 말했다.

"난 올해 쉰여덟 살이네. 이 년 뒤면 퇴직을 해야 하지. 나이로만 따지면 내가 자네보다 두 배는 더 살았고, 수입으로 따지면 자네의 서른 배는 될 걸세. 하지만 나는 자네만큼도 돈을 모으지 못했어. 사치가 몸에 배어 있기 때문이지. 자네를 만나고 보니 그동안 사치스럽게 살아온 내가 한없이 부끄러웠다네. 내 감히 자네의 장래가 밝을 것이라고 보증하네. 젊은이, 잘해 보게."

이 이야기는 후지타 덴의 성공 신화의 서곡이다. 후지타 덴의 끈기와 성실함은 우리에게 한 가지 이치를 알려 준다. 인격의 역량은 정신적인 힘만 되는 것이 아니라 물질적인 힘도 된다는 점이다. 어떤 조건이 갖춰지면 인격의 매력은 역경을 뚫고 나가는 요소가 될 수 있다.

패리스의 아르바이트

미국 도립 기업 연맹 대표 잭 패리스Jack Paris는 자신의 성공 이유에 대해 다음과 같이 이야기하고 있다.

"부모님을 도와 주유소 일을 시작할 때가 아마 열세 살 때였을 겁니다. 우리 주유소에는 세 개의 주유기, 두 개의 수리실, 그리고 왁스 방이 하나 있었어요. 아버지는 자동차 수리를 담당하고 어머니는 장부 기록과 수금을 맡으셨죠. 저도 자동차 수리를 배우고 싶었지만 아버지는 우선 데스크에서 고객을 접대하게 했어요.

'아들아, 자동차는 항상 변하지만 사람은 그렇지 않단다. 넌 먼저 사람들을 이해하는 법을 배워라.'

자동차가 들어오면 저는 차가 멈춰서기도 전에 운전석 옆으로 달려가서 기름 양을 점검하고, 건전지를 충전했어요. 전동벨트와 고무호스 그리고 물탱크를 살피는 일도 제 몫이었죠.

하지만 저는 항상 제가 해야 할 일보다 좀 더 일했어요. 차를 닦고,

자동차 유리와 전조등에 낀 먼지도 털었죠. 제가 일을 잘할수록 단골들이 늘었거든요.

단골 중에 매주 세차를 하고 왁스 칠을 하는 노부인이 있었어요. 그 차는 바닥이 심하게 우그러져서 청소하기가 굉장히 불편했죠. 게다가 부인의 성격이 까다로워서 청소가 다 끝난 차도 하나하나 꼼꼼하게 살펴보고는 먼지 한 톨 남지 않을 때까지 청소를 다시 시켰습니다. 하루는 부인에게 질려서 그녀의 시중을 들기 싫어하는 제게 아버지께서 충고를 하셨어요.

'애야, 이건 네 일이야. 고객이 뭐라 말하고 무엇을 하든 너는 네 일을 해야 한다. 또한 고객에게 지켜야할 예의도 잊지 말거라.'

그 당시 저는 매일 방과 후 부모님과 일을 했어요. 토요일과 휴일에는 아침부터 저녁까지 하루 종일 일했죠. 처음에 부모님은 한 시간에 50센트를 주셨지만 3년 뒤에는 1달러 10센트로 올려 주셨어요. 그때 부모님께 수입을 관리하는 방법을 배웠지요. 우선, 수입의 10%는 저금통에 모았다가 일요일에 교회에 가서 헌금을 내며 자선의 중요성을 배웠죠. 그리고 20%는 부모님의 20%와 함께 식비와 숙박비에 보탰어요.

나중에 알고 보니 이 돈은 부모님이 저를 위해 준비한 교육비였습니다. 그리고 저 자신을 위해 20%를 저축했고 그리고 남은 50%는 제가 사고 싶은 물건을 사는 데 썼어요.

어린 나이에 주유소에서 일하며 엄격한 직업윤리와 고객을 대하는 방법을 배웠습니다. 우리 가정은 작은 기업의 축소판이었어요. 부모님은 사장이자, 경리이고 또한 종업원이셨죠."

자신의 성공담에 대해 사람마다 느끼는 감상은 모두
다르다. 하지만 그들의 공통점은 소중한 인생의 신조를 찾았고 그 신조를
영원히 잃지 않았다는 점에 있다.

베를린의 가로등

야경夜景 속 베를린Berlin의 가로등은 우아한 자세로 부드러운 빛을 발하며 시처럼 몽롱하게 서 있다. 나는 가로등을 응시하고 있었다.

"가스등이에요."

한 독일인이 내게 알려주었다.

'가스등이라니! 중국에서도 아마 세기 초에나 있었고 다 사라지지 않았나?'

"베를린은 아직도 가스등을 사용하나요?"

"가스가 전기보다 싸니까요."

나는 다른 독일인에게 물었다.

"베를린 거리에 왜 아직 가스등을 쓰지요?"

"가스가 싸니까요."

수도 이전을 얼마 남기지 않은 베를린 시 전체는 대대적인 토목공사 중이었다. 돈도 충분했고 기세도 등등했다.

"베를린에 전기비가 모자랄 리는 없잖아요?"

나는 멀쩡한 시 정부 홀이 뒤집어지는 것을 직접 목격했었다. 단지 단열재로 쓴 석면이 건강에 나쁘다는 이유에서였다.

"베를린 시는 언제나 절약을 합니다. 돈을 꼭 써야 할 곳이 많으니까요."

그는 마치 집안일을 맡은 사람이 살림살이를 이야기하듯 말했다.

"이 가로등은 오래되었지만 아직 쓸 만하고 튼튼해요. 가스가 전기보다 싸기도 하고요. 작년에 시 정부가 돈을 들여 가로등을 바꾸려고 했지만 시민들이 반대했지요. 골동품과 같은 가로등을 바꾸지 말자고요. 이런 여러 이유들로 가스등을 계속 쓰고 있는 거랍니다."

독일 수도의 길가에는 여전히 가스등이 불을 밝히고 있다. 이들은 누추함을 두려워하지 않는다. 낮에 보는 베를린 거리는 줄줄이 새로 생긴 밝은 벽들이 사람들을 만족시켜 주고 있다. 베를린 거리는 유럽의 아름다운 감각을 빠르게 따라가고 있다.

그러나 밤이 되면 베를린의 가로등은 내게 경각심을 불러일으켰다.

금을 얼굴에 붙이는 것은 바보이지 대범한 것이 아니다. 온화하고 점잖고, 흉금 胸襟이 넓은 것은 내재된 자질이지 사람들에게 내보이는 것이 아니다.

비밀의 화원

딸 캐롤린의 전화를 받은 것은 일주일 전이었다. 산 정상에 누가 수선화를 심어놓았는데 꼭 가서 봐야 한다는 것이었다. 운전 중이었던 나는 별로 내키지는 않았지만 차를 몰고 두 시간 거리를 찾아갔다.

산 정상으로 향하는 길은 바람이 부는데다 안개가 잔뜩 끼어서 조심스럽게 천천히 운전해야만 했다.

"나는 한 걸음도 움직이기 싫다. 여기 남아서 밥이나 먹고 안개가 걷히면 바로 돌아갈 거야."

나는 캐롤린을 보자마자 선포했다.

"하지만 전 아빠 도움이 필요한 걸요. 차고까지 같이 갔다가 차를 타고 돌아오면 어때요? 적어도 그 정도는 해주실 수 있잖아요."

"여기서 얼마나 머니?"

나는 신중하게 물었다.

"3분 정도요. 올 때는 제가 운전할게요. 전 이미 습관이 되어서 괜찮아요."

10분이 지났지만 여전히 도착할 기미가 보이지 않자 나는 초조해져서 딸을 바라보았다.

"좀 전에 분명 3분이면 도착할 거라고 말했던 것 같은데…."

딸이 웃으며 말했다.

"길을 좀 돌아가는 중이에요."

'아니, 베일처럼 짙은 안개 속을 걸으면서 뭐 볼 게 있다고 굳이 길을 돌아가는 거야?'

나는 속으로 투덜댔다.

작은 석조 교회에 도착한 우리는 교회 옆의 주차장을 통과해 좁은 길을 따라 계속 전진했다. 안개가 조금 걷히자 습기를 가득 먹은 회백색 햇빛이 길을 비추었다. 그 길은 솔잎이 잔뜩 깔린 오솔길이었다. 빽빽한 상록수가 우리의 머리 위를 덮고 있는 길 바로 오른쪽은 경사가 급한 비탈이었다. 서서히 이곳의 평화로운 고요가 내 기분을 가라앉혀 주었다. 그리고 코너를 돈 순간 나는 놀라움에 숨을 쉴 수가 없었다. 바로 내 눈앞에, 이 산 정상에, 계곡과 관목 숲 사이에 몇 에이커에 걸쳐 각양각색의 노란 수선화가 만발해 있었다. 상아 같은 연노랑에서 레몬처럼 짙은 노랑까지 온 산에 가득 펼쳐진 꽃밭은 아름답게 불타는 양탄자 같았다.

'태양이 쏟아진 걸까? 계곡물이 흘러내리듯 금이 산비탈에서 쏟아져 내려온 걸까?'

사람을 취하게 하는 노란 꽃들의 한가운데에는 보라색의 히아신스가 피어 있었다. 그 모습은 마치 꽃들 사이로 폭포가 쏟아지는 것 같았다. 꽃밭 가운데에는 양편에 산호색 튤립이 줄을 지어 피어 있는 작은 오솔길이 나 있었다. 마치 이것만으로는 모자란다는 듯, 하늘에는 두세 마리의 파란 새가 꽃밭 위를 날아다니며 즐겁게 놀고 있었다. 새의 붉은 가슴과 파란색 날개는 마치 반짝이는 보석 같았다.

'누가 이 아름다운 경치와 완벽한 화원을 만든 것일까? 어째서? 왜 이런 곳에? 이렇게 아무 인적 없는 곳에? 이 화원은 어떻게 만든 것일까?'

화원의 가운데에 있는 작은 오두막에서 나는 그 답을 찾을 수 있었다. 거기에는 방문객을 위해 누군가 써 놓은 글이 있었다.

'당신이 무엇을 물을지 알아요. 여기 그 대답이 있답니다.

첫 번째 대답 : 두 손, 두 발 그리고 약간의 생각을 가진 여자.

두 번째 대답 : 약간의 시간.

세 번째 대답 : 1958년에 시작했습니다.'

집으로 돌아오는 내내 나는 침묵을 지켰다. 좀 전에 본 모든 장면이 마음을 뒤흔들어 놓아서 아무 말도 할 수 없었던 것이다.

"그녀는 세상을 바꾸었다."

마침내 내가 입을 열었다.

"그녀는 거의 40년 전에 이 모든 일을 시작했어. 그 세월 동안 매일 조금씩 일한 거지. 그렇게 매일 조금씩 쉬지 않고 노력한 덕에 세상을 아름답게 가꿀 수 있었던 거야. 내가 일찍이 꿈을 가지고 진작부터 노력을 했더라면, 지난 몇 년 동안 매일 조금씩 노력했다면 지금 나는 어떤 목표에 도달했을까?"

캐롤린이 웃으며 말했다.

"내일부터 시작하세요. 물론 오늘 시작하면 그보다 더 좋을 수는 없겠죠."

작은 목표를 세우고 매일 약간의 시간을 들여 꾸준히 계속해 보라. 내가 무엇을 할 수 있는지 시도해 보아라.

자기가 지은 집

퇴직을 준비하는 늙은 목수가 있었다. 목수는 사장에게 직장을 그만두고 아내와 자녀들과 함께 가정의 단란함을 즐기며 살겠다고 말했다. 사장은 일솜씨가 뛰어난 목수를 떠나보내기가 아쉬워서 몇 번이나 만류했지만 목수는 이미 굳은 결심을 한 뒤였다. 더 이상 그를 붙잡을 수 없었던 사장은 마지막으로 집 한 채만 더 지어달라고 부탁했다.

새 집을 짓는 동안 모두들 목수의 마음이 이미 일에서 떠났음을 알 수 있었다. 재료 선정부터 건성으로 하더니 완성된 건물도 예전 수준에 훨씬 못 미쳤다.

하지만 사장은 그 집에 대해 별다른 말이 없었다. 집이 완성되자 사장은 집 열쇠를 목수에게 건네주며 말했다.

"이건 자네 집이네. 내가 자네에게 주는 선물이야."

목수는 어안이 벙벙해졌다. 동시에 후회와 부끄러움이 밀려왔다.

그는 평생 동안 남을 위해 아름다운 집을 지었지만 자신을 위한 집은 허술하고 엉망으로 지었던 것이다.

우리는 매 순간 자기 생명의 집을 짓고 있다. 오늘 책임을 다하지 않은 부분의 결과는 이후에 어떤 부분에서든 나타나게 된 다.

한 통에 4달러

예전에 미국의 스탠더드 석유 회사에 '애치볼드'라는 직원이 있었다. 그는 출장을 가서 호텔에 묵을 때 항상 자신의 사인 아래 '한 통에 4달러. 스탠더드 석유회사'라고 적었다.

편지와 영수증에도 빠짐없이 사인을 한 뒤에 이렇게 썼다. 동료들 사이에서 애치볼드는 이름 대신에 '한 통에 4달러'라는 별명으로 불렸다.

애치볼드의 소문을 들은 록펠러는 열심히 회사를 선전하는 직원을 만나보고 싶다며 그를 저녁 식사에 초대했다. 후에 록펠러가 자리에서 물러난 뒤 애치볼드가 후임 회장이 되었다.

사인 밑에 글자 몇 개를 적는 일은 누구나 할 수 있는 일이지만 이를 실행에 옮긴 사람은 애치볼드 단 한 사람뿐이었다. 게다가 그는 항상 즐거운 마음으로 꾸준히 사인했다. 그를 비웃던 사람 가운데 분명 애치볼드보다 더 능력 있고 재능 있는 사람들도 있었을 것이다. 하지만 마지막에 회장이 된 사람은 애치볼드였다.

때로는 우연히 성공을 하는 사람도 있다. 하지만 누가 감히 그의 성공이 필연이 아니라고 말할 수 있겠는가. 작은 일들은 누구나 어떻게 해야 하는지 알고 있지만 관건은 누가 꾸준히 끈기 있게 해내는가이다.

세 명의 여행자

세 명의 여행객이 동시에 같은 여관에 묵었다. 다음날 아침 한 여행객은 우산을 들고, 다른 여행객은 지팡이를, 세 번째 여행객은 빈손으로 여관을 나섰다.

저녁이 되자 우산을 들었던 사람은 흠뻑 젖어서 돌아왔고, 지팡이를 들었던 사람은 넘어져서 온통 진흙을 묻힌 채 돌아온 반면 빈손으로 나섰던 사람은 아무 일도 없이 무사히 돌아온 것이 아닌가. 앞의 두 사람은 매우 이상해서 세 번째 사람에게 이유를 물었다. 세 번째 여행객은 대답 대신에 우산을 든 사람에게 물었다.

"당신은 왜 젖기만 하고 넘어지지 않은 거죠?"

"비가 내릴 때 나는 선견지명이 있었던 게 기뻐서 우산을 받쳐 들고 대담하게 빗속을 거닐었더니 옷이 많이 젖었답니다. 하지만 진흙탕이 있는 곳에서는 지팡이가 없는 대신에 조심스럽게 다녔더니 넘어지지 않았어요."

그러자 지팡이를 들었던 사람이 말했다.

"비가 내릴 때 저는 우산이 없어서 비를 피할 곳을 골라서 가거나 멈춰 서서 쉬었다 가서 비에 젖지 않았죠. 반면에 지팡이만 믿고 다니다가 진흙탕에 넘어지고 말았어요."

빈손의 여행객이 크게 웃으며 말했다.

"비가 내릴 때 저는 비를 피할 수 있는 곳을 골라서 걸었고, 길이 나쁘면 조심해서 걸었기에 비에 젖지도 넘어지지도 않았죠. 당신들은 자신의 유리한 점만 생각하고 조심하지 않았어요. 아무 문제가 없을 거라고 생각했기 때문이죠. 그래서 우산이 있어도 비에 젖고 지팡이가 있어도 넘어졌던 겁니다."

많은 경우 우리는 자신의 약점에 걸려 넘어지기보다 자신이 문제없이 잘한다고 생각하는 부분에서 실수한다. 약점에 대해서는 항상 주의하고 경각심을 가지고 있지만 장점은 방각하기 쉽기 때문이다.

현명한 복수

자기 일에 불만이 많은 사람이 있었다. 그가 친구에게 불평을 늘어놓았다.

"우리 사장은 나한테는 도무지 관심도 없어. 내가 언젠가는 사장의 책상을 주먹으로 내리치고 사직서를 내던지고 말 거야."

그러자 그의 친구가 물었다

"회사 일에 대해 완전히 파악하기는 했어? 너희 회사가 국제 무역을 하는 비결을 완벽하게 통달했냐고?"

"아니."

"군자가 원수를 갚는 데는 3년이 걸려도 늦지 않는다는 말이 있어. 내 생각에는 너희 회사의 무역에 관한 모든 기교와 상업 문서 작성법과 회사 조직에 대해 완벽하게 통달하고, 심지어 복사기 수리 방법 같은 자잘한 부분까지 모두 배운 다음에 사직하는 게 좋을 것 같아. 회사를 공짜로 공부하는 곳으로 이용하는 거야. 배울 수 있는 건 다 배운 다음에 그만두면 화풀이도 되고 너한테 도움도 되잖아."

친구의 제안을 받아들인 그는 묵묵히 회사 업무에 대해 공부하기 시작했다. 심지어 퇴근 후에도 사무실에 남아 상업 문서를 쓰는 방법을 연구했다.

1년 후 두 사람이 우연히 마주쳤다.

"이제 배울 만한 건 다 배웠겠지? 책상을 치고 그만둘 준비는 다 된 거야?"

"준비는 다 되었지만 지난 반년 동안 사장이 나를 다시 보기 시작했어. 최근에는 중요한 일도 맡기고, 승진도 하고, 월급도 올라서 이제 회사의 인기인이 된 걸."

"역시 내가 짐작한 대로군."

그의 친구가 웃으며 말했다.

"당시 너희 사장이 너를 무시한 이유는 네 능력이 부족해서였을 거야. 그런데 너는 공부할 생각은커녕 불평만 했지. 나중에 네가 열심히 공부하여 큰일도 맡아서 할 정도가 되었으니 당연히 사장이 너를 다시 본 거야. 남의 태도를 원망할 줄만 알고 자기의 능력은 반성하지 않는 것은 사람들이 흔히 범하는 잘못이지."

직장 내에서 나를 알릴 수 있는 것은 결국 나의 능력이다. 만약 사장이 당신을 중시하게 여기지 않는다면 이와 같은 '현명한 복수'를 한 번 시도해보자.

꽃을 기른다는 것

꽃을 기르기 좋아하는 친구가 있었다. 그는 어떤 꽃이든 잘 길렀다. 봄이면 정원에는 온통 꽃향기가 가득했고, 벌과 나비가 날아다녀 사람들의 부러움을 사고는 했다. 나와 친구들은 그의 집에서 꽃을 감상하는 것을 즐겼다. 친구는 대범한 사람이라 꽃을 좋아하는 사람을 만나면 흔쾌히 선물을 했기에 많은 사람들이 소문을 듣고 그를 찾아왔다.

하루는 그의 집에 갔다가 장싼張三을 만났다. 그는 친구를 붙들고 한참 예쁘게 피어 있는 모란을 달라고 조르고 있었다. 이상한 일은 평소 대범하던 친구가 다른 때와는 달리 무슨 일이 있어도 그 꽃을 줄 수가 없다고 버티는 것이었다. 모두 아는 사이인지라 체면도 가리지 않았다. 여러 번 간절히 청하던 장싼이 기어이 그 꽃을 가져가 버렸다. 친구는 발을 구르며 탄식을 했다.

"자네도 두고 보게. 저 꽃은 곧 죽고말거야."

과연 얼마 지나지 않아 장싼이 가져간 모란이 죽었다. 친구는 고개를 저으며 아까워했다.

"내 생각대로 되었군!"

영문을 알 수 없었던 나는 그 이유를 물었다.

"아니 자네는 장싼이 간에 붙었다 쓸개에 붙었다하는 사람인 줄 몰랐단 말이야? 다른 사람이 잘 나갈 때는 달려들었다가는 운이 나빠지면 숨어버리지."

"그게 꽃을 키우는 것과 무슨 상관인데?"

친구는 정색을 하고 말했다.

"그런 심성으로 꽃을 키우면 꽃이 예쁘게 폈을 때는 애지중지 하다가 꽃이 시들면 버려두고 돌보지 않지. 생각해 보게나. 세상에 영원히 피어 있는 꽃이 있는가?"

꽃을 기르는 일은 한결같은 마음을 필요로 한다. 목전目前에 탐스럽게 핀 꽃만을 좇는 사람은 자신의 이익만을 위하는 사람이니 경계해야 한다.

보이지 않는 사랑

하늘빛이 무척 예쁜 여름날 저녁이었다. 공터로 산책을 나온 나는 새총놀이를 하는 열 살쯤 되어 보이는 소년과 여인을 보게 되었다. 소년은 조잡하게 만든 새총으로 7~8미터나 떨어진 곳에 세워 둔 유리병을 맞히려 애쓰고 있었다.

멀지 않은 곳에 서서 무심히 그 모습을 보던 나는 소년의 새총 쏘는 실력이 형편없음을 발견했다. 소년의 탄환은 족히 1미터는 엉뚱하게 날아갔다. 부인은 풀밭에 앉아 옆에 쌓아놓은 한 무더기의 돌 더미에서 한 알씩 돌멩이를 주워 미소를 지으며 소년에게 건네주고 있었다. 돌멩이를 받은 소년은 가죽에 올려놓고는 새총을 쏘고 다시 한 알을 건네받았다. 소년을 바라보는 부인의 눈빛만으로도 그녀가 소년의 어머니임을 짐작할 수 있었다.

소년은 진지하게 숨을 멈추고 오랫동안 조준한 뒤 새총을 쏘았다. 그 실력으로는 영영 맞히지 못할 것 같았지만 그는 포기하지 않았다.

보다 못한 나는 소년의 어머니에게 다가가 말했다.

"실례가 아니라면 제가 새총 쏘는 방법을 좀 가르쳐줘도 될까요?"

순간 소년이 동작을 멈췄다. 하지만 시선은 여전히 병 쪽을 바라보고 있었다.

부인은 나를 향해 웃어 보였다.

"감사하지만 괜찮습니다."

잠시 망설이던 그녀는 아이를 바라보며 조용히 말했다.

"저 아이는 눈이 보이지 않아요."

뜻밖의 대답에 놀라 멍해진 나는 잠시 뒤 더듬거리며 물었다.

"아……. 죄송합니다. 그런데 왜 새총을 쏘게 내버려 두나요?"

"다른 아이들도 다 새총놀이를 하니까요."

"음……. 하지만…… 어떻게 맞히지요?"

"계속 쏘다 보면 언젠가는 꼭 맞힐 수 있을 거라고 말해 줬어요."

어머니는 침착하게 말했다.

"중요한 것은 저 아이가 병을 맞히려 시도했다는 거죠."

한참이 지나자 소년의 새총 쏘는 속도가 점점 느려졌다. 지친 것이다. 어머니는 말없이 돌을 주워 미소를 지으며 건네주었다. 단지 그 속도가 조금 느려졌을 뿐이었다. 나는 소년이 매우 규칙적으로 총을 쏘고 있음을 서서히 알게 되었다. 그는 매번 조금씩 방향을 옮기며 병을 찾고 있었던 것이다.

바람이 가볍게 불어오고 귀뚜라미가 풀숲에서 노래를 부르기 시작했다. 하늘에는 별이 하나둘 반짝거렸다. 새총의 가죽에서 나는 '

피융' 소리와 돌멩이가 바닥에 맞는 '탁! 탁!' 소리가 여전히 단조롭
게 반복되었다. 어둠이 짙어지자 나는 병의 윤곽도 알아볼 수 없게
되었다.

'아무래도 오늘은 맞히기 힘들겠군.'

나는 잠시 주저하다가 그들에게 인사를 하고 집을 향해 걸음을 옮
겼다.

등 뒤에서 병이 깨지는 선명한 소리가 들려왔다.

분명 사랑은 사람을 일어서게 하지만, 본인의 꾸준
한 노력이 없다면 다시 주저앉고 만다. 사랑을 받는 것도 중요하다. 그러
나 그 사랑을 마음속으로 받아들이고 실현하는 것은 자신이다.

헤밍웨이의 인생 수업

중일전쟁 시기에 라이더 소위가 복역하던 미국 해군 포정이 충칭重慶에 정박해 있었다. 어느 날 기분이 좋았던 라이더는 행운을 시험하는 '샘플을 보지 않는 경매'에 참여했다. 사기꾼으로 유명한 경매사가 그날의 경매를 진행하자 그 자리에 있던 사람들은 밀봉된 커다란 나무 상자 안에 돌멩이가 가득할 거라고 생각했다. 하지만 그날 기분이 좋았던 라이더는 30달러를 불렀다.

"팔렸습니다!"

경매사는 소리 질렀다. 상자를 열자 안에는 위스키 두 상자가 들어 있었다. 전시인 충칭에서는 매우 귀한 술이었다. 사람들이 몰려들었다. 술에 중독된 사람이 1병에 30달러를 불렀지만 라이더는 거절했다. 그는 출항을 하기 전에 고별 파티를 열 계획이었다. 당시 충칭에 와 있던 미국 유명 작가 헤밍웨이Ernest Miller Hemingway도 알코올 중독자였다. 그가 라이더를 찾아와 말했다.

"당신한테 좋은 술 두 상자가 있다던데, 내가 6병을 사겠소. 얼마요?"

라이더는 완곡하게 거절했다. 헤밍웨이는 지폐 다발을 꺼내며 말했다.

"6병을 주면 달라는 대로 돈을 내겠소."

"좋습니다. 대신에 제게 작가가 되는 법을 가르쳐 주세요. 6병의 술을 당신의 수업과 바꾸죠."

헤밍웨이는 재미있다는 표정을 지어 보이더니 웃으며 말했다.

"이보게, 나는 몇 년이라는 시간을 투자해서 이 일을 하게 되었다네. 이건 꽤 많은 돈을 받을 가치가 있어. 그래도 좋네. 거래가 성사되었어."

소원을 이루게 된 라이더는 위스키 6병을 바로 건네주었다.

그 뒤 5일 동안 헤밍웨이는 약속대로 5번의 수업을 했다. 라이더는 자신의 성공적인 제안에 매우 의기양양했다. 그는 6병의 술로 미국에서 가장 유명한 작가에게 개인 교습을 받은 것이다. 한 번은 헤밍웨이가 눈을 깜박이며 물었다.

"자네는 정말 사업에 타고났군. 나머지 술은 얼마나 마셨나?"

"한 병도 안 마셨습니다. 고별 파티 때 쓰려고 남겨 두었어요."

일 때문에 헤밍웨이가 일찍 충칭을 떠나게 되자 라이더가 그를 공항까지 배웅했다. 헤밍웨이가 웃으며 말했다.

"아직 한 번 더 수업이 남은 걸 잊지 않았네. 이게 자네에게 하는 여섯 번째 수업이야. 다른 사람을 묘사하기 전에 우선 자신이 교양 있는 사람이 되어야 하네. 첫째, 동정심이 있어야 하네. 둘째, 부드러움으로 강함을 극복할 줄 알아야 하고 셋째, 절대로 불행한 사람을 비웃어서는 안 되네."

라이더가 물었다.

"그게 소설 쓰는 것과 무슨 관계가 있죠?"

"이건 자네 삶에 대단히 중요한 가르침이야."

헤밍웨이가 힘주어 말했다. 비행기로 걸어가던 헤밍웨이가 갑자기 몸을 돌리고 큰 소리로 말했다.

"친구, 자네의 고별 파티 초청장을 보내기 전에 자네 술을 검사해 보는 것이 좋을 걸세. 안녕, 내 친구!"

돌아온 라이더가 술병을 따보자 안에는 위스키 대신 차가 들어 있었다. 헤밍웨이는 이미 사실을 알아챘지만 한마디도 하지 않았다. 그를 비웃기는커녕 오히려 그 약속을 지켰던 것이다. 그제야 라이더는 헤밍웨이가 그에게 교양 있는 사람이 되라고 한 말의 뜻을 이해했다.

한 사람이 말없이 지키는 약속 때문에 다른 한 사람이 크게 깨닫기도 한다. 나의 행동이 모두 옳은 것은 아니다. 수시로 반성反省하고 타인의 행동을 살펴볼 줄 아는 지혜가 필요하다.

존과 잉뤄청의 깨달음

여러 해 동안 수염을 길러 온 존은 어느 날 갑자기 수염을 깎아 버리고 싶은 마음이 들었다. 그러나 조금 주저도 되었다.

'친구나 동료들이 어떻게 생각할까? 혹시 비웃는 건 아니겠지?'

며칠 동안 심사숙고한 끝에 그는 수염을 다 깎지 않고 콧수염만 남기기로 했다. 다음날 출근하면서 존은 최악의 상황에 대한 마음의 준비를 단단히 마쳤다. 하지만 뜻밖에도 아무도 그의 변화에 대해 이야기하는 사람이 없었다. 모두들 바삐 사무실을 오가며 각자 맡은 일을 할 뿐이었다. 점심때가 되어도 뭐라 말하는 사람이 단 한 명도 없었다. 결국 참지 못한 존이 먼저 물었다.

"이렇게 바꾸니까 어떤 것 같아?"

상대방은 어안이 벙벙했다.

"뭐가?"

"나 오늘 좀 달라 보이지 않아?"

동료는 그제야 머리부터 발끝까지 존을 훑어보았다. 마침내 누군가 소리를 질렀다.

"오! 콧수염을 길렀구나."

유명한 표현 예술가 잉뤄청도 비슷한 이야기를 들려준 적이 있다. 대가족인 그의 가족은 식사 시간이면 수십 명이 큰 식당에 앉아 밥을 먹었다. 어느 날 장난기가 발동한 그가 가족 모두에게 장난을 치기로 했다. 식사 시간 전에 식당의 눈에 띄지 않는 장소에 숨었다가 사람들이 그를 찾으면 뛰어나오려는 것이었다.

하지만 계획과는 달리 아무도 그의 부재를 알아채지 못했다. 배불리 식사를 마친 후 식구들이 자리를 뜨자 잉뤄청은 그제야 숨은 곳에서 걸어 나와 남은 음식을 먹었다.

그날 이후 그는 스스로 다짐했다.

'나를 너무 대단하게 여기지 말자. 그렇지 않으면 크게 실망할 것이다.'

자신을 세계의 중심으로 여기지 말라. 매일 거울을 보며 반시간 동안 어떤 립스틱을 바를지, 어떤 넥타이를 맬지 고민할 필요 없다. 당신이 고심한 것에 아무도 주의를 기울이지 않고 모두 자신의 일을 할 뿐이다. 당신도 그렇지 않은가?

당신을 데리고 낚시를 갈 사람은 없다

잠재력 계발 전문가 데니스 웨이틀리Denis Waitley가 어렸을 때 겪은 일이다. 웨이틀리는 어렸을 때 자립심을 배웠다. 그의 아버지는 제2차 세계대전 때 외국에 계셨다. 그가 9살 때 샌디에이고San Diego에 있는 그의 집 근처에는 육군 포병대가 있었다.

웨이틀리는 주둔한 사병들과 친구가 되어 무료한 휴식 시간을 함께 보내곤 했다. 그들은 웨이틀리에게 군대에서 나오는 기념품을 선물로 주었다. 육군 철모, 멜빵, 군용 수통 등을 주면 웨이틀리는 사병들에게 과자나 잡지 등을 구해 주거나 그들을 집으로 초대해서 간단한 식사를 하는 걸로 보답했다.

그러던 어느 날 웨이틀리는 영원히 잊지 못할 특별한 하루를 보냈다.

"그날 사병 친구 하나가 말했어요. '일요일 오전 5시에 같이 낚시하러 갈래?' 나는 기뻐서 깡충깡충 뛰었죠. '우와! 정말 가고 싶어요. 저는 배라고는 근처에도 가보지 못한걸요. 항상 다리 위에서나, 방파제 위, 아니면 바위에서 낚시를 했어요. 바다로 향하는 배를 볼 때마다 얼마나 부러웠던지. 언젠가는 나도 배에서 낚시를 할 수 있기를 꿈꿨어요. 오! 너무 고마워요. 엄마에게 말씀드릴 테니 다음 주 토요일 저녁에 우리 집에서 저녁 먹어요.'

토요일 저녁에 나는 흥분해서 옷을 입은 채 침대에 누웠어요. 늦지 않으려고 운동화까지 신고 말이죠. 침대에 누워서도 잠을 이룰 수가 없어서 바다 속의 우럭바리와 꼬치고기가 천장에서 헤엄쳐 다니는 상상을 했어요.

새벽 3시에 침실 창문으로 기어 나와 낚시 상자를 준비하고 예비용 낚시 바늘과 낚싯줄도 준비했죠. 낚싯대의 축에 기름도 발랐어요. 점심으로 먹으려고 땅콩버터와 과일 잼을 바른 샌드위치도 2인분 만들었어요. 4시 정각에 이미 저는 출발 준비를 마쳤죠. 낚싯대, 고기잡이 상자, 점심식사와 가슴 가득한 열정, 모든 게 완벽했어요. 이제 우리 집 문밖의 길가에 앉아 어둠을 더듬으며 내 사병 친구를 기다리기만 하면 되었죠.

하지만 그는 약속을 지키지 않았어요. 그 순간이 아마 내가 혼자 일어서고 강해져야 한다는 중요한 사실을 배운 순간이었을 겁니다. 그 일로 저는 사람들의 진심에 의심을 품거나 자기 연민을 가지지는 않았어요. 침대로 돌아가 우울해 하거나 언짢아하지도 않았죠. 엄마와 형제, 친구들에게 그 나쁜 자식이 오지 않고 약속을 지키지 않았다고 일러바치지도 않았어요. 대신에 근처 자동차 극장 공터에 있는 잡화

점에 가서 잔디를 깎으며 모은 돈을 다 털어서 지난주에 봤던 1인용 고무 구명보트를 샀어요. 정오가 되어서야 그 고무보트에 바람을 다 불어 넣을 수 있었죠.

보트 안에 준비한 모든 도구를 넣고 머리에 이고 가는 제 모습은 아마 원시 수렵인 같았을 거예요. 저는 노를 저어 물 가운데까지 가서는 호화 유람선을 타고 바다를 항해한다고 상상했어요. 낚시도 하고 샌드위치도 먹으며 군용 수통에 담아 온 주스를 마셨죠. 그 날은 제 평생 가장 아름다운 날 가운데 하루였어요."

웨이틀리는 그날의 모습을 자주 회상하며 경험을 되새겼다. 아홉 살 어린 나이였지만 그는 귀중한 사실을 배웠다.

"우선 물고기만 잡을 수 있으면 세상에 아무런 고민도 할 필요 없다는 점을 배웠죠. 그날 오후 전 정말 고기를 잡았어요. 두 번째로 사병 친구가 가르쳐준 것은 좋은 의도만으로는 충분하지 않다는 점이에요. 사병 친구는 분명 나를 데리고 낚시를 가려고 했었어요. 하지만 데려가려 생각만 했지 실행하지는 않았죠."

웨이틀리에게 있어 그날 낚시를 가는 것은 가장 큰 꿈이었다. 그는 포기하지 않고 혼자서 즉시 계획을 세우고 꿈을 실현시켰다. 웨이틀리는 실망에 빠질 수도 있었고 집에서 스스로 위안하며 '낚시 가고 싶었는데, 그 군인이 오지 않았으니 할 수 없지 뭐!'라고 생각할 수도 있었다. 하지만 마음속의 목소리가 그에게 말했다.

'욕망만으로는 승리할 수 없어. 지금 당장 행동하고 스스로 강해져야 해.'

자기 계발이란 잠재된 능력을 계발하는 것이다.

자신의 잠재 능력을 계발하려면 자신의 능력을 믿고
스스로 크고 작은 꿈을 실현시켜라. 다른 사람은 그가 누구든 당신과의
약속을 지키지 않을 수 있다는 점을 명심하라.

장 선생님의 숨은 뜻

대학 입시 실패는 청춘의 꽃이 피기 시작하는 젊은이에게는 큰 충격이 아닐 수 없다. 8년 전 내 친구 따웨이도 마찬가지였다. 나는 그때 베이징의 한 대학에 합격했었다.

대학 3학년 때였다. 어느 날 따웨이가 갑자기 학교로 날 찾아왔다. 알고 보니 그도 베이징의 명문 대학 학생이 되어 있었다.

"축하해!"

"그럼 축하해야지. 그동안 얼마나 노력했는데. 사실 2년 전에 대학에 떨어지고 이제 난 끝났다고 생각했었어. 하지만 부모님은 여전히 내게 큰 기대를 걸고 계셨기에 난 억지로 재수를 해야 했지. 너 억지로 공부하는 게 어떤 기분인지 알아? 재수하는 반에서 내 성적은 뒤에서 다섯 번째였어."

"그런데 어떻게 명문 대학에 합격한 거야?"

나는 이해할 수가 없었다.

"내 말을 계속 들어 봐. 한 번은 영어를 가르치는 장 선생님이 나더러 단어를 외우라고 시키셨어. 그 때 난 무협 소설을 읽고 있는 중이었거든. 선생님은 불같이 화를 내더군.

'따웨이, 넌 정말 형편없는 놈이야. 넌 부모님의 돈만 낭비하는 게 아니라 네 청춘도 낭비하고 있어. 네가 대학에 들어가면 전 세계에 문맹은 하나도 없을 거다.'

정말이지 그때는 화가 나서 미칠 것만 같았어. 자리를 박차고 일어나 교탁에 달려들어 선생님에게 삿대질까지 하며 말했지.

'무시하지 마세요. 두고 봐요. 내가 꼭 대학에 들어가고 말 테니까.'

그러고는 손에 들고 있던 무협 소설을 갈기갈기 찢어 버렸어. 그해 대입시험에서는 100점이 모자랐지만 이듬해에는 17점만 부족했고, 올해 입시에는 80점을 초과했지. 장 선생님을 찾아가 나는 바보가 아니라고 일러 주고 싶은 걸 간신히 참았다니까."

3년 뒤 모교인 고등학교에 찾아갔다가 담임 선생님으로부터 영어를 가르치던 장 선생님이 암에 걸렸다는 소식을 들었다. 장 선생님은 문병을 간 나를 반갑게 맞아주셨다. 나는 선생님께 따웨이의 대학 합격 소식을 알려 주었다. 이야기를 듣던 장 선생님이 갑자기 눈물을 흘리시는 게 아닌가! 잠시 후 사모님께서 낡은 사진을 한 장 가져 오셨다. 사진 속에는 한 학생이 파리의 에펠탑 아래에서 웃고 있었다.

"18년 전쯤 일거야. 이 아이는 내가 가르치는 반에서 가장 똑똑하면서도 제일 공부를 하지 않는 학생이었단다. 한 번은 내가 수업 시간에 '너 같은 놈이 대학에 들어가면 내가 머리를 바닥에 숙이고 세 바퀴를 돌겠다.'며 자존심을 건드렸지."

"그래서요?"

"결국 따웨이처럼 좋은 대학에 합격하고 유학까지 가게 되었지."

장 선생님은 여전히 감격에 북받친 목소리로 말을 이으셨다.

"어떤 학생에게는 보통의 격려가 소용이 없단다. 그런 애들에게는 날카로운 메스로 마음에 수술을 해야 해. 때로는 다른 사람의 멸시가 우리 마음 깊은 곳으로부터 강인한 힘을 불러일으키기도 하지."

두 달 뒤 장 선생님은 돌아가셨다.

4년 뒤 베이징에 출장을 갔다가 길에서 우연히 따웨이와 마주쳤다. 박사 과정을 공부 중이던 그는 여자친구와 쇼핑을 하는 중이었다. 나는 따웨이에게 장 선생님과 나눈 대화를 들려주었다. 사람들로 가득 찬 길 한복판에 서서 따웨이는 눈물을 흘리고 말았다.

나는 살면서 때때로 장 선생님과 따웨이의 일화를 떠올리곤 했다. 따웨이가 받은 '멸시'에는 장 선생님의 사랑이 담겨 있었는데, 그것은 사람을 분발시키는 힘을 갖고 있었다. 따웨이와 에펠탑 아래에서 사진을 찍은 학생의 삶에서 장 선생님의 '멸시'는 가장 소중하고 아름다운 것이었으리라.

통증이 있다는 것은 살아 있다는 증거이다. 찔러도 아프지 않을 정도로 마비되었다면 그 영혼은 죽은 것이나 다름없다. 좋은 약이 쓰다고 느낄 수 있다면 아직 기회가 있다.

인생 최고의 교육

　시골에서 도시로 상경해 일을 하는 청년이 있었다. 성실하게 일하는 청년의 모습을 눈여겨본 사장은 그에게 작은 회사를 하나 맡겼다. 청년의 착실한 관리아래 회사의 업무 실적은 나날이 증가했다.

　한 외국 회사가 소문을 듣고 그의 회사와 합작을 의논하기 위해 찾아왔다. 이야기가 끝난 후 청년은 검은 눈의 동양계인 외국 회사 대표를 저녁 식사에 초대했다. 저녁은 매우 간소했다. 둘이서 몇 가지 요리를 깨끗하게 먹어 치우자 작은 포자 만두 두 개만 남았다. 그는 종업원에게 남은 음식을 가져갈 수 있도록 포장해 달라고 했다. 성실하고 검소한 청년의 태도에 반한 외국 회사 대표는 그 자리에서 다음날 당장 계약서에 사인을 하겠다고 약속했다.

　중요한 계약이 성사되자 크게 기뻐한 사장은 연회를 열었다. 연회장에서 외국 회사 대표가 그에게 나지막한 목소리로 물었다.

　"자네는 어떤 가정교육을 받았는가?"

"저희 부모님은 글을 모르셨습니다. 가난 때문에 공부할 여유가 없으셨던 거죠. 그래서 저도 남들 같은 교육은 받지 못했습니다. 아버지가 돌아가신 후 어머니는 갖은 고생을 하시며 저를 학교에 보내셨습니다. 어머니는 제가 남보다 뛰어나기보다는 제 몫을 다하는 사람이 되기를 바라셨어요."

옆에서 듣고 있던 사장의 눈가가 젖어 왔다. 사장은 술잔을 들고 감격스러운 목소리로 말했다.

"자네 어머니를 위해 건배하세. 자네는 인생 최고의 교육을 받고 자랐군."

고생을 한 사람은 삶의 소중함을 안다. 가난하게 자란 사람은 성실의 중요성을 알고, 어려서부터 열심히 일할 줄 아는 사람은 자신과 남에 대한 책임감이 있다. 가난은 두려운 것이 아니다. 두려운 것은 가난하다고 하여 아무것도 배우지 못하고 인간으로서의 자존심마저 잃어버리는 것이다.

진실함이 마음을 움직인다

어떤 회사의 사원 모집 공고를 보고 네 명의 응시자가 찾아왔다. 이 회사는 2년 이상의 관련 업무 경험을 채용 조건으로 내걸었다. 앞선 세 응시자는 자신들의 관련 업무 경험을 떠벌렸지만 면접관은 간단한 질문 몇 개로 그들이 이 방면에 무지하다는 사실을 순식간에 밝혀냈다.

마지막에 들어온 남학생은 솔직하게 경험은 없지만 이 일에 관심이 많고 단기간에 배울 자신이 있다고 했다. 면접관은 주저하지 않고 그를 채용했다.

이후 그와 대화를 나눌 기회가 생기자 면접관이 물었다.

"대부분의 응시자들은 자신을 소개할 때 과장되게 덧붙이는데 어째서 자네는 솔직하게 말한 거지?"

"제가 어렸을 때 길에서 돈을 주운 적이 있습니다. 그때 거짓말을 한 제 엉덩이를 호되게 때리시며 할머니께서 하신 말씀이 있습니다. '

가난은 두려운 게 아니다. 네가 진실하기만 하면 언젠가는 이겨 낼 수 있으니까' 그 후로 저는 할머니의 이 말씀을 절대 잊지 않았습니다."

진실한 사람이 되기 위해 가장 필요한 것은 용기이다. 사실과 진리를 마주할 용기가 있으면 다른 사람들이 우물쭈물하며 복종하고 말 때 용감하게 진실을 지적할 수 있다.

배움에는 끝이 없다

미국 동부에 있는 어느 대학의 졸업 시험 마지막 날이었다. 강의동의 계단에 기계과 4학년 학생들이 모여서 몇 분 뒤에 시작될 시험에 대해 토론을 벌이고 있었다.

그들의 얼굴에는 자신감이 가득했다. 이 마지막 시험이 끝나면 곧바로 졸업식을 하고 일자리를 찾게 될 것이었다.

이미 직장을 찾은 학생들도 있었고, 다른 학생들은 하고 싶은 일에 대해 토론을 벌었다. 4년간의 대학 교육에 만족하며 심리적인 준비를 마친 그들은 자신감이 가득 차서 세상도 정복할 수 있을 것만 같았다.

이제 곧 시작될 시험은 부담 없는 시험이었다. 교수가 시험 시간 동안 학생들끼리 의논만 하지 않는다면 교과서와 참고서 노트를 들고 들어와도 좋다고 했던 것이다.

학생들은 가벼운 마음으로 교실로 들어갔다. 시험지를 받은 학생들의 표정이 밝아졌다. 겨우 다섯 문제밖에 없었던 것이다.

세 시간 뒤 교수가 시험지를 걷기 시작했다.

학생들은 더 이상 자신감에 넘쳐 보이지 않았다. 그들의 얼굴에는 두려움이 가득했다. 아무도 말하는 사람이 없었다. 손에 시험지를 들고 학생들을 마주한 교수가 근심어린 그들의 얼굴을 자세히 훑어보며 물었다.

"다섯 문제 다 쓴 학생 있나?"

아무도 손을 들지 않았다.

"네 문제를 쓴 사람은?"

여전히 아무도 손을 들지 않았다.

"세 개? 두 개?"

자리에 앉아 있던 학생들은 불안해졌다.

"그럼 한 개는? 한 문제를 푼 사람은 분명 있겠지?"

모든 학생이 여전히 침묵을 지켰다. 교수는 손에 든 시험지를 내려놓고 말했다.

"내가 예상한 그대로군. 나는 단지 여러분에게 깊은 인상을 남기고 싶었다네. 여러분은 이미 4년 동안 프로젝트에 관한 교육을 받았지만 그렇다고 완벽하게 모든 것을 배운 것은 아니라네. 이렇게 자네들이 대답 못할 문제들이 일상생활에서 빈번하게 일어난다네. 이 과목의 시험은 모두 합격이네. 하지만 명심하게. 이제 여러분은 대학을 졸업하지만 자네들의 교육은 지금부터 시작이라네."

시간이 흘러 이 교수의 이름은 희미하지만 그의 훈계는 여전히 머릿속에 선명하게 남아 있다.

물고기를 주는 것보다 고기 잡는 법을 가르치는 것이 낫다. 이미 만들어진 지식을 배우는 것은 스스로 학습하는 능력과 방법을 배우는 것만 못하다. 현대 교육은 이미 종신교육이 되었다. 늙을 때까지 공부하는 것은 모든 사람에게 해당되는 일이다.

대기만성 大器晚成

1 춤 실력으로 유명한 영화배우 프레드 애스테어Fred Astaire가 1933년 MGM 영화사에서 카메라 테스트를 받은 후 감독이 그에게 써 준 평가이다.

"연기력 형편없음, 앞머리가 약간 대머리임. 춤은 좀 춤."

후에 애스테어는 이 쪽지를 표구해서 베버리힐즈Beverly Hills에 있는 호화 산장에 걸어 놓았다.

2 피터 다니엘Peter Daniel은 4학년 때 담임선생님인 필립스 부인에게 자주 야단을 맞았다.

"피터, 넌 공부도 못하고, 머리도 나쁘니 장래에 출세할 생각은 꿈도 꾸지 마라."

스물여섯 살 때까지 글도 제대로 읽지 못했던 피터는 친구가 읽어 준 『생각하라, 그리고 부자가 되라Think and Grow Rich』라는 책에서 깊은 감동을 받아 새 사람이 되었다. 현재 그는 자신이 살던 거리의 모든 건물을 소유한 부자가 되었다. 게다가 『필립스 부인, 당신이 틀렸소!』라는 책도 냈다.

3 진화론의 창시자 찰스 다윈Charles Robert Darwin이 의사가 되기를 포기하자 아버지가 이런 말을 했다.

"너는 제대로 된 일은 하지 않고 하루 종일 사냥만 다니고 쥐나 잡으니 장래에 어떻게 하려고 하느냐?"

후에 다윈은 자서전에 이렇게 썼다.

"어렸을 때 모든 선생님과 어른들은 내가 평범하다고 생각했다. 나는 총명함과는 거리가 멀었다."

4 로댕Auguste Rodin의 아버지는 바보 아들을 두었다고 한탄을 하곤 했다. 사람들 눈에 그는 아무 전도가 없는 학생이었다. 예술학교에 세 번이나 떨어진 그를 두고 숙부는 절망적으로 말했다.

"교육이 불가능한 녀석이군."

5 아인슈타인은 네 살까지 말을 못했고 일곱 살에야 알파벳을 배웠다. 선생님은 그를 '반응이 느리고, 다른 사람과 잘 어울리지 못하며 머릿속에 현실과 동떨어진 환상만 가득한 학생'이라고 평가했다. 그는 퇴학을 당한 적이 있고, 스위스 기술학교에서는 입학을 거절당했다. 그러나 그가 죽은 후 과학자들은 그의 뇌를 연구

하고 있다.

6 처질은 초등학교 6학년 때 유급을 당했다. 그의 인생에서 전반은 실패와 좌절로 가득했다. 그는 62세에 비로소 수상이 되었다.

7 바둑 대가인 우칭웬吳淸源의 집안은 그가 어렸을 때 너무 가난하여 생계도 힘들었다. 보다 못한 삼촌이 우칭웬에게 기술이라도 배울 것을 권했지만 그는 여전히 바둑에만 빠져 있었다. 화가 난 삼촌이 말했다.

"바둑이 밥 먹여 주냐?"

"그럴 수 있어요."

십여 세에 일본으로 건너간 그는 모든 고수를 이기고 바둑계의 독보적인 존재가 되었다.

다른 사람이 당신을 '과소평가'한 적은 없는가? 그러하다면 당신은 그들이 틀렸다고 증명해 보일 수 있는가? 아님 노력은 해 봤는가?

빈 화분을 든 아이

예전에 백성들에게 사랑받는 현명한 국왕이 있었다. 나라를 잘 다스린 덕에 백성들은 평화롭고 즐겁게 살았으나 국왕에게는 근심거리가 하나 있었다. 그에게 자식이 없었던 것이다. 마침내 양자를 들이기로 결심한 국왕은 전국에 그 사실을 선포했다.

왕은 전국의 사내아이들에게 꽃씨를 나눠주고 이 꽃씨로 가장 아름다운 꽃을 피운 아이를 양자로 삼겠다고 했다. 꽃씨를 받아든 아이들은 집으로 돌아가 정성을 다해 돌보았다. 아침부터 밤까지 물을 주고, 비료도 주고, 흙을 골라 주며 자신이 행운의 주인공이 되기를 간절히 바랐다.

시용르라는 남자아이 역시 하루 종일 정성껏 꽃씨를 돌보았지만 열흘이 지나고 한 달이 지나도 화분의 꽃씨는 싹조차 트지 않았다. 고민에 빠진 아이는 어머니에게 도움을 청했고 어머니의 제안에 따라 화분의 흙을 바꿔 보았지만 그 역시 아무 소용이 없었다.

국왕이 정한 날이 되었다. 예쁜 옷을 갖춰 입은 무수한 아이들이 거리로 쏟아져 나왔다. 아이들은 모두 꽃이 활짝 핀 화분을 받쳐 들고 기대에 가득 찬 눈으로 순시하는 국왕을 바라보았다. 국왕은 화려함을 자랑하는 꽃을 든 예쁜 아이들을 하나씩 둘러보았지만 사람들이 상상했던 만큼 기뻐하지는 않았다.

그 때 국왕이 빈 화분을 든 시용르를 발견했다. 기운 없이 서 있는 아이의 눈가는 눈물자국으로 얼룩져 있었다. 왕은 아이를 앞으로 불러 물었다.

"너는 어째서 빈 화분을 들고 있느냐?"

시용르는 흐느끼며 대답했다.

"국왕 폐하, 저도 정성을 다해 세심히 꽃씨를 돌보았지만 아무리 노력해도 싹이 나지 않았습니다. 제가 예전에 다른 사람의 화원에서 사과를 훔쳐 먹었던 적이 있는데 아마도 그 때문에 벌을 받는 것 같습니다."

놀랍게도 국왕의 얼굴에 기쁜 미소가 떠올랐다. 그는 시용르를 끌어안고 큰 소리로 말했다.

"이 아이가 바로 내가 찾는 아이다."

"어째서죠?"

사람들은 이해할 수가 없었다.

"내가 나눠 준 꽃씨는 모두 삶은 것이었다. 꽃이 필 수 없는 것이었지."

꽃이 핀 화분을 들고 있던 아이들은 모두 부끄러움에 고개를 숙였다. 그들은 꽃이 피지 않자 다른 꽃씨를 사용해 꽃을 피웠던 것이다.

정직함은 사람됨의 근본이다. 정직하지 못한 사람은 신임할 수 없고 중임을 맡길 수 없다. 항상 그가 당신을 속이고 있지 않은지 구별해야 하기 때문이다.

또 다른 지옥

죽어서 염라대왕을 만나러 가던 어떤 사람이 도중에 휘황찬란한 궁전을 지나갔다. 그때 궁전의 주인이 나와 머물다 가라며 그를 붙잡았다.

"저는 인간 세상에서 평생을 바쁘게 고생하며 살았답니다. 이제 그저 먹고, 자고 싶을 뿐 더 이상 일은 하고 싶지 않아요."

그의 말을 들은 궁전의 주인이 대답했다.

"그렇다면 여기보다 당신한테 더 적당한 곳은 없을 듯하군요. 여기 있는 산해진미를 먹고 싶은 대로 먹고, 편안한 침대에서 자고 싶은 만큼 자도 아무도 방해하지 않을 거요. 게다가 당신은 아무 일도 할 필요가 없어요."

그래서 이 사람은 그곳에 머물렀다.

처음 얼마 동안은 먹다가 잠들고 자다가 먹으며 매우 행복해 했다. 그러나 시간이 흐르자 점차 외롭고 공허함을 느꼈다. 그는 궁전의 주인을 찾아가 불평을 늘어놓았다.

"매일 먹고 자기만 하니 아무 재미가 없소. 이제는 이런 생활에 조금도 흥미가 없소. 어디 내가 할 만한 일 좀 찾아줄 수 있겠소?"

궁전의 주인이 답했다.

"죄송하지만 여기에는 일이란 게 있어본 적이 없소."

다시 몇 개월이 흐르자 이 사람은 더 이상 참지 못하고 다시 궁전의 주인을 찾아갔다.

"이런 삶은 정말 못 참겠소. 당신이 내게 일을 주지 않는다면 차라리 지옥에 갈지언정 여기서는 더 이상 머무르고 싶지 않소."

궁전의 주인은 경멸하듯 웃었다.

"당신은 여기가 천국인 줄 알았소? 여기는 원래부터 지옥이오. 안일한 생활도 일종의 지옥이라오. 힘들여 올라갈 산도 없고, 밟아야 할 불바다도 없고, 뛰어들 기름 가마솥도 없소. 하지만 서서히 당신의 꿈을 망가뜨리고 당신 영혼을 부식시켜 살아 있는 시체로 변하게 하는 지옥이죠."

할 일이 없는 것은 공허한 고통이고 업무가 많은 것이 때로는 충실한 행복이 될 수 있다. 근심 속에 살았어도 편안하게 죽고 싶다면 부자들을 보라. 돈이 많아 다 쓸 수도 없으면서 죽을힘을 다해 일하지 않는가? 왜 그럴까? 자신의 생명력을 위해서이다.

과욕過慾은 금물

어느 갑부가 산책을 하다 개를 잃어버렸다. 그는 곧 방송국에 실종 신고를 내고 개의 사진과 함께 보상금 1만 위안약 182만 원을 내걸었다. 개를 찾았다는 사람이 줄을 이었지만 모두 부자의 개가 아니었다. 기다리다 지친 부자의 아내는 아무래도 보상금이 부족한 것 같다고 말했다. 잃어버린 개는 순종 아일랜드 명견으로 그 자체도 꽤 값이 나가는 비싼 개였다. 부자는 보상금을 두 배로 올렸다.

부자의 개는 공원 의자에 누워 졸던 거지가 발견했다. 첫 번째 광고를 놓쳤던 거지는 보상금으로 2만 위안을 받을 수 있다는 사실을 알고는 뛸 듯이 기뻐했다. 평생 이런 행운은 처음이었다.

다음날 아침 일찍 개를 끌어안고 2만 위안의 보상금을 받으러 가던 거지는 백화점 벽에 붙은 게시물을 보고 깜짝 놀랐다. 개의 보상금이 이미 3만 위안으로 오른 것이 아닌가! 거지는 걸음을 멈추고 생각했다.

'보상금이 또 올랐네. 이 개가 도대체 얼마나 귀한 것이기에 이렇게 값이 나가는 거지? 시간이 지나면 돈이 더 오르려나?'

그는 생각을 바꾸고 자신의 낡은 토굴집으로 도로 돌아와 개를 묶어놓았다. 나흘째 되는 날 보상금은 다시 올랐다. 그 뒤로 며칠 동안 거지는 게시물을 떠나지 않았다.

보상금이 도시의 시민들이 모두 경악할 만큼 오르자 그제야 자신의 토굴집으로 돌아온 거지는 몸이 굳어 버렸다. 개는 이미 죽어 있었던 것이다. 부자 집에서 우유와 고기를 먹고 자란 개는 거지가 쓰레기통에서 주워 온 쓰레기만 먹고는 버티지 못한 것이다.

부자는 돈이면 무엇이든 해결될 거라 생각했지만 오히려 돈 때문에 일을 망쳤고 거지는 탐욕 때문에 결국 아무것도 얻지 못했다. 부자와 거지는 모두 돈 때문에 실수를 저지른 것이다.

세 용사와 복숭아

춘추 시기 제나라에 공손무기公孫無忌, 전개강田開疆, 고치자古治子라는 세 명의 용사가 있었다. 이들은 많은 공을 세웠지만 자신들의 공적이 높은 것만 믿고 대단히 오만방자했다. 일반 대신은 물론이고 국왕도 그들을 함부로 대하지 못할 정도였다. 당시 제나라의 재상 안영은 이 세 사람 때문에 많은 걱정을 했다. 그들은 용맹했지만 머리가 나쁘고 국왕에게도 충성하지 않으니, 만일 다른 사람들의 조종이라도 받는다면 큰일이 날 수 있었기 때문이었다. 안영은 왕과 상의하여 이 세 사람을 없앨 계획을 세웠다.

하루는 노나라의 소공昭公이 제나라를 방문하여 접대 연회가 벌어졌다. 안영은 새로 딴 싱싱한 복숭아를 담아 올렸다. 연회가 끝나자 복숭아는 두 개만 남았다. 왕은 이 두 개의 복숭아를 공로가 가장 큰 신하에게 상으로 주기로 했다. 물론 이는 안영의 계획이었다.

공을 논하자면 세 용사가 가장 컸다. 하지만 복숭아가 두 개밖에 없으니 어쩌겠는가? 세 사람은 각자 자신의 공을 치하하며 서로 양보하지 않았다. 모두 이 명예를 차지하고 싶었던 것이다. 그 중 두 사람이 먼저 싸움을 벌이더니 실수로 한 사람이 죽었다. 친구에게 면목이 없었던 다른 한 용사가 자살을 하자 남은 한 사람은 겨우 복숭아 때문에 두 친구를 잃은 것을 보고는 혼자 살아남는 것보다 그 자리에서 자살을 택했다.

이렇게 왕은 마음속의 큰 걱정을 덜었다. 이것이 역사적으로 유명한 '복숭아 두 개로 세 용사를 처리한' 이야기이다.

명성과 이익은 모두 몸 밖의 것이다. 때로 사람들은 이 두 가지를 얻기 위해 목숨을 버리기도 한다. 태어날 때 가져오지 않고 죽을 때 가져갈 수도 없는 것인데 좀 더 생각을 크게 하는 것은 어떨까?

먼로 금광의 비밀

미국 테네시^{Tennessee} 주에 한 페루 이민자가 살았다. 미국 서부에 금광 열풍이 불자 그는 자신이 소유하고 있던 6헥타르의 산림을 팔고 서부로 이사를 갔다. 부자가 될 수 있다는 희망에 부푼 그는 서부에서 90헥타르나 되는 땅을 사서 5년 동안 금광을 찾아 땅을 파헤쳤다. 하지만 아무것도 찾지 못하고 가산만 탕진한 채 다시 테네시로 돌아올 수밖에 없었다.

고향으로 돌아온 그의 눈앞에 기계 돌아가는 소리와 즐비하게 늘어선 광산 천막들이 보였다. 그의 땅을 산 새 주인이 금을 캐고 있는 중이었다. 알고 보니 그가 팔아 버린 땅 아래 금광이 있었던 것이다. 이 금광이 바로 지금까지도 채굴이 되고 있는 미국의 유명한 먼로 금광이다. 이 페루 이민자는 본디 자신의 소유였던 땅을 버렸을 뿐 아니라 그 안에 숨어 있던 금광까지 잃어버린 것이다.

모든 사람은 자신만의 독특한 재능을 하늘로부터 받았다. 이런 천부적인 재능은 금광처럼 우리의 평범한 삶 가운데 숨어 있다. 이 금광을 발견하는 행운은 자신의 장점을 얼마나 성실하게 발굴하고 그에 따라 자신의 인생을 어떻게 경영하는가에 달려 있다.

성공의 열쇠는 바로 '등잔 밑'에 있다. 욕심 때문에, 우리의 두 눈은 항상 먼 곳만을 바라보기 때문에 발밑의 보석은 멀리 차 버리곤 한다.

3장

사랑도 지나치면 독이 된다

커닝스의 인터뷰

1960년 10월의 어느 날, 신문사의 게시판 앞에서 나는 같은 줄을 읽고 또 읽었다.

'데이비드 커닝스David Konings ― 엘리노어 루스벨트Anna Eleanor Roosevelt 인터뷰'

겨우 몇 개월 전 입사한 풋내기 학생기자에게는 너무 과한 일이었다. 난 즉시 편집장을 찾아갔다. 그가 웃으며 말했다.

"자네가 맞네. 지난번 자네의 헤어우드 교수 인터뷰 기사가 아주 마음에 들었거든. 이번 인터뷰를 자네에게 맡기겠네. 취재한 내용은 모레까지 내 사무실로 보내 주게. 행운을 빌겠네."

편집장은 아무렇지도 않게 말했지만, 내가 인터뷰 할 사람은 전 대통령인 프랭클린 D 루스벨트Franklin Delano Roosevelt의 부인이었다. 나는 도서관에서 필요한 자료를 찾기 시작했다. 질문 거리들을 정리하면서 신선한 질문이 뭘까 궁리했다.

인터뷰는 매우 아름답게 꾸며진 방 안에서 진행되었다. 벌써 도착한 일흔다섯 살의 엘리노어 부인이 나를 기다리고 있었다. 그녀는 나를 보자마자 자리에서 일어나 악수를 청했다. 큰 키, 크고 날카로운 눈빛, 자상하게 웃는 얼굴. 한 번 보면 잊을 수 없을 정도로 인상적이었다.

"부인, 부인께서 만나 본 사람 중에 가장 관심을 끌었던 사람은 누구인가요?"

궁리 끝에 던진 첫 질문이었다. 나는 남편인 루스벨트나 처칠, 헬렌 켈러Helen Keller와 같은 사람들을 예상했다. 그런데 그 예상 답안은 아주 보기 좋게, 그리고 엉뚱한 쪽으로 빗나갔다.

"데이비드 커닝스요."

"저, 부인. 무슨 말씀을 하시는지 이해가 안 되는데요."

그녀는 빙긋이 웃었다.

"낯선 사람과 처음 만날 때보다 더 흥미로운 순간은 없죠. 난 어렸을 때 수줍음이 많았어요. 난 나만의 세상에 갇혀서 바깥세상과는 담을 쌓고 지내기도 했죠. 그러던 어느 날, 더 이상 이렇게 지내면 안 되겠다는 생각이 들더군요. 그래서 다른 사람이 내 세상에 들어오는 것을 환영하고, 나도 다른 사람들의 삶 속으로 들어가려 애썼죠. 마침내 친구를 다양하게 사귀는 일이 얼마나 즐겁고 흥분되는 일인지 깨닫게 되었답니다."

루스벨트 부인의 배려로 인터뷰를 하는 동안 나는 아무런 불편함도 없이 대화를 즐겁게 나눌 수 있었다. 나는 그녀에게서 아주 중요한 인생철학을 배웠다.

'친구를 폭넓게 사귀고 그들의 삶 속으로 들어가라.'

이 말은 오랫동안 나의 좌우명이 되었다.

세상을 향한 자기 영혼의 창을 닫아버리면 세상도 당신에게 아름다운 삶의 문을 닫아 버린다. 쇄국정책은 한 나라를 우매한 낙후로 빠뜨리고, 자신을 봉쇄하면 일생을 헛살게 된다. 새로운 것에 대한 두려움을 버리자.

아인슈타인의 거울

아인슈타인Albert Einstein이 열여섯 살이었던 어느 가을 날, 그의 아버지가 호숫가로 낚시를 가려던 그에게 이야기 하나를 들려주었다. 훗날 이 이야기는 아인슈타인의 일생을 바꾸어 놓게 된다.

"어제 난 이웃집 잭과 함께 남쪽 공장의 커다란 굴뚝을 청소하러 갔단다. 사다리를 타고 굴뚝으로 올라갔는데, 잭이 앞장을 서고 내가 그 뒤를 따랐지. 우리는 손잡이를 잡고 한 칸 한 칸씩 올라갔단다. 그리고 일을 마친 다음에도 잭이 먼저 내려갔고 내가 그 뒤로 내려왔지. 나와서 보니 잭은 온통 재로 범벅이 되어 있더구나. 그와 달리 난 아무것도 묻지 않았지."

아인슈타인의 아버지는 미소를 지으며 이야기를 계속했다.

"난 잭을 보고 나도 그처럼 재로 범벅이 됐을 거라 생각했지. 그래서 강으로 가서 깨끗하게 씻었단다. 그런데 잭은 내 모습을 보고 자신도 나처럼 깨끗할 거라고 생각했었는지 그냥 손만 씻었던 거야. 사람들은 잭의 모습을 보고 배를 잡고 웃었단다. 아마 잭이 미쳤다고 생각했을 거야."

이야기를 다 들은 아인슈타인은 아버지와 함께 크게 웃었다. 잠시 뒤에 그의 아버지는 웃음을 거두고서 진지하게 말을 이었다.

"아인슈타인, 그 누구도 너의 거울이 될 수 없단다. 오직 너 자신만이 스스로의 거울이 될 수 있어. 명심하렴, 다른 사람을 거울로 삼으면 자신을 바보나 천재로 착각하는 함정에 빠질 수 있단다."

그 순간 아인슈타인은 너무도 부끄러웠다. 그 뒤로 아인슈타인은 더 이상 놀기만 좋아하는 아이가 아니었다. 그는 순간순간 자신을 거울삼아 스스로 돌아보고 반성하면서 오늘날의 위치에 올랐다.

맹목적으로 자신을 다른 사람과 비교하지 말라. 다른 사람의 모습에 현혹되지 말라. 올바른 역할모델만이 참된 방향을 가르쳐 줄 것이다.

여왕의 노크

어느 날 영국의 빅토리아 여왕Alexandrina Victoria of Kent이 남편과 말다툼을 벌였다. 그러다가 남편은 혼자 침실로 들어가서는 문을 잠그고 나오지 않았다.

밤이 되자 여왕은 침실로 들어가기 위해 노크를 할 수 밖에 없었다.

'똑똑똑'

"누구요?"

남편이 물었다.

"여왕이다."

빅토리아 여왕은 매우 거만하게 대답했다. 그런데 문은 열리지 않았고 여왕은 다시 문을 두드렸다.

"누구요?"

"빅토리아예요."

이번에도 마찬가지로 안에서는 동정이 없었다.

'똑똑똑'

"누구요?"

"당신의 아내랍니다."

여왕은 상냥하게 대답했다.

그러자 문이 열렸다.

집으로 돌아가기 전에 모든 직함을 잊어버리자. 특히 침실에 들어갈 때는 더 말할 것도 없다. 나의 가족은 동반자이지 부하 직원이 아니다.

세이지의 독특한 테스트

세계적으로 유명한 지휘자인 오자와 세이지小澤征爾의 일화이다. 유럽에서 열린 국제 지휘자 경연 대회의 결선에서 지휘를 하던 오자와는 연주 도중 음이 제대로 맞지 않는 부분을 발견했다. 오케스트라의 실수라고 생각한 그는 연주를 중단하고 다시 시작했지만 여전히 그 부분이 맞지 않았다. 현장에 있던 작곡가와 심사 위원들이 나서서 말했다.

"오자와 씨, 악보는 정확합니다. 당신이 음을 착각한 것이에요."

음악의 대가들 앞에서 잠시 고민하던 오자와는 이내 큰 소리로 반박했다.

"아니오. 틀림없이 악보가 잘못되었습니다."

그의 말이 끝나자마자 심사 위원들의 열렬한 박수 소리가 터져 나왔다.

사실 그 악보는 그들이 세심하게 짜 놓은 함정이었다. 악보가 지닌 문제점을 심사 위원들이 부인했을 때 지휘자가 어떻게 대응하는지 테스트해 본 것이다. 앞선 두 후보가 심사 위원들에게 동조했던 것과 달리, 자신의 소신을 굽히지 않은 오자와는 국제 지휘자 대회의 우승을 거머쥐었다.

자신의 소신을 굽히지 말라. 권위자 앞에서 굽실거리는 태도가 습관이 되어 버리면 평생 다른 사람의 그림자 속에서 살아갈 수밖에 없다. 자기 자신을 존중하지 않으면 누구도 당신을 존중해 주지 않는다.

슬론의 경영 전략

알프레드 슬론Alfred P. Sloan은 제너럴 모터스의 CEO로, 서구의 경영학계 내에서 '현대화 조직의 천재'로 칭송받는 인물이다.

1944년 슬론은 경영 컨설턴트인 피터 드러커Peter Ferdinand Drucker를 제너럴 모터스의 관리 정책 고문으로 스카우트했다. 슬론은 드러커에게 다음과 같이 말했다.

"난 당신에게 무엇을 연구하라고 요구해야 할지 모르오. 무엇을 쓰라고 할지도, 어떤 결론을 얻어야 하는지도 모르오. 모든 것은 당신 몫이오. 내 유일한 요구사항은 바로 당신이 정확하다고 여기는 점을 쓰라는 것이오. 당신은 우리의 반응을 걱정할 필요도 없고 우리가 반대할까 두려워할 필요도 없소. 특히 우리가 당신의 건의사항을 받아들이지 못할까 봐 조절하고 절충할 필요가 없소. 물론 필요하다면 그렇게 해도 좋지만. 그러나 반드시 먼저 우리에게 '정확'한 것이 무엇인지 말해 주어야 하오. 그래야 우리가 그에 따른 조절과 절충을 할 수 있기 때문이오."

제너럴 모터스가 어떻게 지금의 모습을 갖출 수 있었고 슬론이 왜 '조직의 천재'라고 불리는지 이 이야기를 통해 알 수 있을 것이다.

외부에서 인재를 초청하는 의도는 새로운 피를 수혈하기 위해서이다. 그렇다면 그들이 기존의 무리에 동화되지 않게 해야 한다. 새로운 피가 무리에 뒤섞이는 순간, 정확성도 객관성도 끌거품이 되고 만다.

결단이 필요할 때

어느 날, 밖에서 놀던 여섯 살짜리 소년이 바람에 날려 나무에서 떨어진 새집을 발견했다. 새집 안에는 함께 굴러 떨어진 어린 참새가 짹짹거리며 먹이를 기다리고 있었다. 소년은 참새를 집으로 가져가 기르기로 마음먹었다.

새집을 받쳐 들고 집에 도착한 소년은 엄마의 반대가 걱정되었다. 그녀는 소년이 집 안에서 동물을 키우도록 허락한 적이 없었다. 소년은 우선 그녀를 설득하기 위해 참새를 대문 안쪽에 조심스럽게 내려놓고 급히 집 안으로 달려 들어갔다.

간절히 애원한 끝에 허락을 받아낸 소년은 대문 쪽으로 달려갔다. 하지만 참새는 보이지 않고, 대신 검은 고양이 한 마리가 만족스럽게 입술을 핥고 있었다. 참새를 잃고 상심하던 소년은 한 가지 교훈을 얻었다. 한 번 정한 일은 절대로 우유부단해서는 안 된다는 점이다. 소년은 자라서 사업을 하면서도 이 점을 잊지 않았다. 그가 바로 화교 출신 컴퓨터계의 유명인사 왕안王安 박사이다.

앞뒤를 생각하고 신중하게 결정을 내리면 실수할 가
능성이 줄어든다. 하지만 때로는 신중함이 지나쳐 더 많은 성공 기회를 잃
어버릴 수도 있다. 잠룡潛龍도 기다림이 너무 길면 허리만 굽는다.

신문팔이 소년의 수완

한 지역에서 두 명의 신문팔이 소년이 같은 신문을 팔았다. 말하자면 둘은 경쟁자였던 셈이다.

첫 번째 소년은 매우 성실했지만 신문을 그리 많이 팔지는 못했다. 길에서 크게 소리를 지르며 신문을 팔아 보려고 애썼으나 신문이 더 많이 팔리기는커녕 오히려 줄어들기만 할 뿐이었다.

두 번째 소년은 머리를 쓸 줄 알았다. 길거리에서 소리를 지르며 신문을 팔기도 했지만 소년은 매일 똑같은 장소로 가서 그 자리에 있는 모든 사람에게 신문을 돌렸다가 잠시 후 다시 와서 돈을 받았다. 길이 익숙해지자 신문을 더 많이 돌릴 수 있었다. 가끔 손해를 보는 경우도 있긴 했지만 그리 많지는 않았다.

두 번째 소년의 신문은 갈수록 많이 팔렸지만 첫 번째 소년은 신문팔이를 그만두고 다른 일을 찾을 수밖에 없게 되었다. 두 번째 소년의 방법에는 나름대로 자신의 논리가 있었다.

"첫째, 한 지역에서 같은 신문을 읽는 독자는 한계가 있죠. 내 신문을 산 사람이 신문을 또 살 리가 없잖아요. 내가 먼저 신문을 돌리면 신문을 받은 사람은 제 경쟁자의 신문을 사지 않는 거죠. 그건 곧 내가 시장을 선점했다는 의미이고 더 많이 돌릴수록 상대의 시장은 줄어든다는 얘기죠. 이는 경쟁자의 이윤뿐 아니라 자신감에도 타격을 주는 셈이 됩니다.

둘째, 신문은 다른 소비품과 달라요. 신중하게 고려해서 결정하기보다는 임의로 사게 되는 경우가 많기 때문에 질적인 문제로 신문을 반환하는 경우는 드물어요. 게다가 가격도 비싸지 않아서 돈을 떼먹는 경우도 거의 없죠. 오늘 잔돈이 없으면 내일 주기도 해요. 교양이 있는 사람이라면 어린아이의 돈을 떼먹는 치사한 짓은 하지 않죠.

셋째, 설사 신문을 보고 나서 되돌려주며 돈을 주지 않는 사람이 있더라도 상관없어요. 어쨌든 신문은 되돌려 받았고, 이미 신문을 보았으니 경쟁자의 신문을 사지는 않겠죠. 그 사람은 여전히 저의 잠재 고객이 되는 겁니다."

단순한 듯 보이는 신문팔이에도 이처럼 많은 기교가 숨어 있다. 그렇게 본다면 사업이란 교과서는 아마도 영원히 다 배울 수 없는 책이 아닐까. 끊임없이 분석하고 살펴서 자신만의 비결을 갖추면 성공할 수 있다.

게티와 빈 담뱃갑

미국의 석유 부호 폴 게티J. Paul Getty가 프랑스에서 휴가를 보내던 어느 날이었다. 비가 곧 쏟아질 듯한 저녁, 몇 시간을 운전한 끝에 그는 어느 작은 마을에 도착했다. 여관에 투숙한 그는 저녁밥을 먹은 후 피곤에 지쳐 곧바로 잠이 들었다.

새벽 두 시. 잠에서 깬 게티는 담배를 한 대 피우고 싶었다. 그는 스탠드를 켜고 테이블에 올려놓은 담뱃갑을 살폈다. 야속하게도 담뱃갑은 이미 텅 비어 있었다. 옷 주머니를 뒤져 봐도 소용없는 짓이었다. 그는 다시 짐을 뒤지며 무의식중에 떨어뜨렸을지도 모를 담뱃갑을 찾았지만 헛수고였다.

담배를 구하려면 여관에서 몇 블록 떨어진 기차역까지 가는 수밖에 없었다. 게다가 그의 자동차는 여관에서 좀 떨어진 차고에 있었다. 그는 담배를 사러 가기 위해 잠옷을 벗고 외출복으로 갈아입었다. 막 우비를 꺼내려던 찰나, 게티는 갑자기 동작을 멈췄다.

'내가 지금 뭘 하는 거지?'

그는 그 자리에 서서 생각에 잠겼다.

'스스로 지식인이라고 자부하는 내가 고작 담배 한 대를 피우기 위해 한밤중에 이 장대비를 뚫고 몇 블록을 걸어가려 했단 말인가?'

게티는 빈 담뱃갑을 구겨서 쓰레기통에 던져 넣고는 잠옷으로 갈아입고 침대로 돌아갔다. 다시 침대 위에 누운 그는 무한한 해방감을 느꼈다.

그 날 이후 폴 게티는 담배를 끊었다.

습관의 힘은 대단하다. 좋은 습관은 평생 도움이 될 수 있지만 나쁜 습관에 빠지면 자신도 모르는 사이에 스스로를 파멸시키고 만다. "세 살 버릇이 여든을 간다."고 하지 않던가.

계란을 어떻게 할까요?

죽을 파는 두 가게가 있었다. 두 집 모두 손님이 끊이지 않을 정도로 장사가 잘되었다. 하지만 저녁 때 결산을 할 때면 언제나 왼쪽 집이 오른쪽 집보다 수입이 더 많았다. 하루 이틀도 아니고 매일 수입에 차이가 나자 그 이유가 궁금해진 나는 두 집을 비교해 보기로 했다.

먼저 오른쪽 집에 들어갔다.

종업원 아가씨가 미소를 지으며 죽을 한 그릇 담아 주고 물었다.

"손님, 계란을 넣을까요?"

좋다는 내 대답에 그녀는 계란을 하나 넣어 주었다.

손님이 들어올 때마다 종업원은

"계란을 넣어드릴까요?"

라고 물었다. 넣는 사람도 있고 넣지 않는 사람도 있었다. 대략 반반 정도 되는 것 같았다.

나는 다시 왼쪽 가게에 들어가 보았다.

종업원 아가씨가 마찬가지로 미소를 지으며 나를 맞이하고 죽을 내오며 물었다.

"계란을 하나만 넣을까요? 아니면 두 개를 넣을까요?"

"하나만 넣어 주세요."

나는 웃으면서 대답했다. 종업원은 다른 손님들에게도 똑같이 물었다. 계란을 좋아하는 사람은 두 개를 넣었고 좋아하지 않는 사람은 하나만 넣었다. 간혹 넣지 않겠다고 말하는 사람도 있었지만 그리 많지 않았다. 하루 동안 왼쪽 가게는 오른쪽 가게보다 훨씬 많은 계란을 팔았다.

다른 사람에게 선택의 여지를 남겨줄 때는 먼저 자신의 영역을 최대한 확보해야 승리할 수 있다.

심리학적으로 '가라앉은 닻' 효과라는 것이 있다. 사람은 결정을 내릴 때 종종 처음으로 얻은 정보에 의해 생각이 좌우되는 경우가 많다. 처음으로 얻은 정보가 마치 해저에 가라앉은 닻처럼 우리의 생각을 고정시키는 것이다. 오른쪽 가게에서는 '계란을 넣을 것인지'를 물었고, 왼쪽 가게는 '계란을 한 개 넣을 것인지 두 개 넣을 것인지'를 물었다. 이처럼 처음 얻은 정보가 다르면 결정도 다를 수밖에 없다. 이는 현명한 사람이 목적을 달성하는 방법이기도 하다.

어느 화가의 깨달음

어떤 젊은 화가가 모든 사람이 좋아하는 그림을 그리겠다는 꿈을 가지고 열심히 그림 공부를 했다. 어느 날 화가는 한 가지 묘안을 생각해 냈다.

화가는 자기가 가장 만족하는 그림 한 점을 복제하여 시장에 내놓고 사람들에게 부족한 부분을 그 그림에 표시해 달라고 했다. 시장을 오가는 사람들은 화가의 진지한 부탁을 듣고 솔직한 자신의 의견을 내놓았다.

저녁 때 그림을 가지러 온 화가는 깜짝 놀라고 말았다. 거의 모든 부분에 표시가 되어 있었기 때문이다. 그건 화가의 그림이 아무 쓸모 없는 그림이라는 뜻이나 마찬가지였다. 뜻밖의 결과에 젊은 화가는 심적 충격을 받았다. 자신감을 잃고 위축된 화가는 자기에게 그림을 그릴 재능이 있는지 의심마저 들었다.

며칠 전만 해도 사기가 하늘을 찌르던 제자가 갑자기 의기소침해진 모습을 보고 의아한 생각이 든 스승이 이유를 물었다. 대답을 들은 스승은 껄껄거리며 웃더니 제자에게 방법을 바꿔서 다시 한 번 시도해 보라고 했다.

다음날 화가는 똑같은 그림을 다시 복제하여 시장에 내놓고 그 그림 옆에 펜을 놔두었다. 하지만 이번에는 사람들에게 잘 그렸다고 생각되는 부분을 표시해 달라고 했다.

저녁 때 돌아와 보니 그림의 모든 부분에 전날과 마찬가지로 빽빽하게 칭찬이 표시되어 있었다. 이 일로 크게 깨달은 젊은 화가는 그 후 뛰어난 그림을 그리는 좋은 화가가 되었다.

모든 사람을 다 만족시키기는 어렵다. 무슨 방법을 쓰든 모든 사람의 구미를 맞출 수는 없기 때문이다. 훌륭한 요리사는 사람들이 그의 감각을 따라오게 만들지 자신이 다른 사람들을 따라가지 않는다.

장군과 당나귀

고대 로마의 황제 하드리아누스Hadrianus의 일화이다. 어느 날 한 장군이 황제 앞에 나와 장기간 복무한 것을 이유로 들며 승진을 시켜달라고 요청했다.

"폐하, 제게 더 중요한 지도자 자리를 맡겨 주십시오. 저는 십여 차례나 중요한 전쟁을 치렀을 정도로 경험도 풍부하니 자격이 충분하다고 생각합니다."

하드리아누스 황제는 인재와 재능을 알아보는 데 뛰어난 판단력을 지닌 사람이었다. 그가 보기에 이 장군은 지도자가 될 인물이 아니었다. 그 장군은 용맹하기는 하나 고집이 세고 사람의 말을 잘 듣지 않았다. 황제는 장군을 이해시킬 방도를 찾아야 했다. 전장에서 그의 공은 높이 사는 바이지만 그렇다고 밥그릇에 술을 부을 수는 없는 노릇이었다. 주변을 둘러보던 황제는 주변에 묶여 있는 당나귀를 가리키며 말했다.

"친애 하는 나의 장군이여, 이 당나귀들을 잘 보시게. 저들은 최소한 스무 번 이상 전쟁에 참가했지만 여전히 당나귀라네."

경험과 이력도 분명 중요하지만 재능을 가늠하는 기준이 되는 것은 아니다. 현명한 사장은 10년 동안 쌓은 경험이 1년간의 경험을 열 번 반복한 것에 지나지 않는 사람이 있음을 알고 있다. 해마다 비슷한 일을 반복하다 보면 일에 숙달은 되겠지만 이런 반복은 상상력과 창의력을 말살시키는 두려운 존재이기도 하다.

1달러짜리 자동차

미국의 한 신문에 다음과 같은 광고가 실렸다.

"호화 자동차가 단돈 1달러!"

광고를 본 해리는 반신반의했다.

'오늘은 만우절도 아닌데…… 어떻게 자동차를 1달러에 팔 수 있다는 거지?'

하지만 해리는 혹시나 하는 마음에 1달러를 들고 신문의 주소로 찾아갔다.

아름다운 별장에 도착한 해리가 문을 두들기자 잠시 뒤 우아하게 차려입은 젊은 부인이 나왔다. 방문 이유를 들은 그녀는 해리를 차고로 데려가 멋진 새 자동차를 가리키며 말했다.

"바로 이 차예요."

해리의 눈이 휘둥그래졌다. 예상 밖의 상황이었다. 아무리 봐도 1달러짜리 자동차가 아니었다. 1만 달러도 족히 넘어 보였다.

그 순간 해리의 머릿속을 스친 첫 번째 생각은 '고장 난 차'였다.

"부인, 제가 한번 타 봐도 될까요?"

"물론이죠."

차를 몰고 한 바퀴 돌아보았지만 모든 것이 정상이었다.

"설마 장물은 아니겠죠?"

해리가 차량 등록증을 요구하자 부인은 흔쾌히 등록증을 보여 주었다.

마침내 1달러를 주고 멋진 자동차를 넘겨받은 해리는 자동차를 몰고 떠나려다가 궁금증을 참지 못하고 물었다.

"부인, 실례가 안 된다면 이렇게 좋은 자동차를 어째서 1달러에 파시는지 물어도 되겠습니까?"

부인은 탄식을 하며 말했다.

"그렇게 물으니 솔직히 말하죠. 이 자동차는 제 남편의 유품이에요. 그는 모든 유산을 나한테 남겨 주었지만 이 자동차만은 자기 정부情婦에게 남겼어요. 하지만 남편은 이 자동차의 판매 권한은 나에게 주고 자동차를 판 돈을 그녀에게 주라고 유언장에 써놓았더군요. 그래서 이 자동차를 1달러에 팔기로 한 거예요."

그제야 이해가 간 해리는 자동차를 몰고 신이 나서 집으로 돌아오다가 길에서 친구 탐을 만났다. 호기심에 가득 찬 눈으로 새 차를 살펴보던 탐이 물었다.

"어디서 이런 자동차를 구했어?"

"단돈 1달러에 구입했지."

해리의 설명을 들은 탐은 울상을 하고 중얼거렸다.

"오, 이럴 수가! 나도 일주일 전에 그 광고를 봤었는데!"

명심하라! 어떤 일이든지 일어날 가능성이 있다. 기적을 믿지도 않으면서 어떻게 기적을 바라는가? Just try it! 지금이 기회다!

칵테일에 담긴 미국의 정신

어느 성대한 파티에 중국인, 러시아인, 프랑스인, 독일인, 이탈리아인이 자기 민족의 우수한 문화 전통을 놓고 설전을 벌이고 있었다. 모두 한 치의 양보도 하지 않았지만 그 자리에 함께 있던 미국인만은 미소를 지을 뿐 아무 말도 하지 않았다.

자신의 말을 입증하고 상대를 설득하기 위해 사람들은 민족의 특색을 드러내고 유구한 역사를 실증할 자기 나라의 술을 꺼내 보였다. 중국인이 먼저 정성을 다해 빚은 고색창연하고 향기로운 마오타이주茅臺酒를 내보였다. 술병을 따자 향기가 사방으로 번져나갔고 사람들은 모두 칭찬을 했다. 이어서 러시아인람이 보드카를, 프랑스인은 샴페인을, 이탈리아인은 포도주를, 독일인은 위스키를 꺼내 보였다.

마지막으로 모두들 미국인을 바라보았다.

미국인은 자리에서 일어나 다른 사람들이 꺼낸 술을 각각의 한 잔에 조금씩 따라서는 하나로 섞었다.

"이것은 칵테일Cocktail이라는 술입니다. 칵테일은 미국의 민족정신을 보여 줍니다. 모두의 장점을 모아서 종합적으로 재창조하는 것이죠. 우리는 항상 세계 문명의 지혜들을 모아 발전할 준비가 되어 있습니다."

역사가 200여 년밖에 되지 않은 나라가 세계의 첫째가 된 이유를 여기서 찾을 수 있지 않을까?

다른 사람의 장점을 자신의 장점으로 만들 수 있는 사람은 가는 곳마다 승리하는 큰 인물이 될 수 있을 것이다. 그러기 위해서는 넓은 가슴과 안목, 능력이 필요하다.

죽을 분배하는 방법

권리를 제한하는 제도를 제정하는 것은 언제나 골칫거리를 안겨 주는 어려운 문제이다.

일곱 사람이 한 조인 작은 공동체가 있었다. 구성원들은 모두 평범하고 평등했으며 흉악한 사람도 없었지만 본능적인 이기심만은 어쩔수 없었다. 그들은 평화로운 방법으로 분배 제도를 만들어 매일의 식사를 해결하려 했다. 문제는 끼니때마다 나오는 죽을 나눌 계량 도구와 용기用器가 없다는 점이었다. 그들은 기지를 발휘, 다양한 시도들을 통해 완벽한 제도를 만들려고 애썼다.

그들이 시도한 방법은 다음과 같다.

방법 1 : 죽을 분배할 책임자를 뽑는 방법이다. 하지만 금세 사람들은 책임자가 자신의 죽을 가장 많이 푼다는 사실을 발견하고 책임자를 교체했다. 결국 죽의 분배를 맡는 사람마다 자신의 그릇에 가장 많이, 가장 좋은 죽을 담았다. 액튼 경Lord Acton이 말한 대로 "권력은 부패하는 경향이 있고, 절대적 권력은 절대적으로 부패한다."는 말이 입증된 것이다.

방법 2 : 모두들 돌아가면서 하루씩 죽의 분배를 맡는 방법이다. 이는 책임자가 자신을 위해 죽을 많이 풀 수 있는 권력을 갖는다는 것을 인정하는 것이며 동시에 모두에게 자신의 몫을 많이 가져갈 기회를 주는 것이다. 보기에는 평등해 보이지만 배불리 먹을 수 있는 날은 일주일에 하루밖에 되지 않았고 나머지 엿새는 배를 곯아야 했다. 모두들 이런 방법은 자원의 낭비라고 생각했다.

방법 3 : 믿을 만한 사람을 하나 뽑아 분배를 맡기는 것이다. 처음에는 인품이 뛰어난 사람이 기본적으로 공평하게 분배를 해 주었다. 하지만 얼마 후 믿었던 그 사람도 자신과 자신에게 아첨하는 사람에게 죽을 더 많이 분배하기 시작했다. 이런 타락과 부패를 방관할 수 없기에 역시 새로운 방법을 찾을 수밖에 없다.

방법 4 : 분배 위원회와 감독 위원회를 선출해서 감독과 제약을 실시하는 방법이다. 공평함은 기본적으로 이루어졌지만 감독 위원회가 늘 여러 가지 의견을 제시하고 또 분배 위원회와의 논쟁이 그치지 않다 보니 분배가 끝날 무렵에 죽은 이미 다 식어 있었다.

방법 5 : 모든 사람이 돌아가며 죽을 분배하는 방법이다. 단 죽을 푸는 사람은 마지막에 자신의 죽 그릇을 선택하도록 했다. 이 제도를 시행하자 놀랍게도 일곱 그릇의 죽이 거의 매번 기계로 잰 듯이 똑같이 담겼다. 모든 사람들은 만약 일곱 그릇의 죽의 양이 다르면 자신의 양이 제일 적을 것이라는 사실을 알았던 것이다.

현대 경제학은 다음과 같이 표현된다. 제도는 중요
하다. 제도는 사람이 선택한 교역의 결과이다. 좋은 제도는 자연스럽게
이루어져 명확하고 정교하다. 또한 간결하고 능률이 높은 것이 좋은 제
도이다.

장식용 고양이와 두 전문가

　창의적인 사고는 인간 사유 활동의 고급 단계이며, 지혜의 승화이고, 지능 발전의 수준 높은 표현 형태이다. 이런 창의적 사고를 담당하는 우뇌에 대한 관심은 좌뇌에 비해 한참 뒤떨어져 미개척지나 다름없었지만 최근 들어 그 중요성이 점차 재인식되고 있다. 우뇌의 잠재 능력을 계발하여 계획성과 창의력을 향상시키려는 여러 방법 중 가장 자주 사용되는 것이 연상법이다. 미국의 저명한 심리학자 다니엘 고만Daniel Gorman은 "사업의 성공은 창의적인 사유 역량에 따라 성패를 논할 수 있다."라고 했다.

　미국 각 대학의 심리학계에서 가장 성행하고 전문가들이 즐겨 사용하는 예 중에 '장식용 고양이를 산 두 전문가'의 이야기가 있다. 이 이야기는 창의력 계발의 의의가 어디에 있는지를 여실히 보여 준다.

　서로 못할 말이 없을 정도로 친한 친구 사이인 엔지니어와 논리학자가 피라미드를 보러 이집트로 함께 여행을 갔다. 이집트에 도착한 며칠 뒤 혼자 길가에 앉아 있던 엔지니어의 귀에 노부인의 외침 소리가 들렸다.

"고양이 사세요!"

노부인의 옆에는 검은색의 장식용 고양이 한 마리가 놓여 있었다. 그 고양이 장식은 집안 대대로 내려오는 가보였지만 병에 걸린 손자의 치료비를 마련하고자 하는 수 없이 500달러에 판다는 것이었다. 고양이를 들어 보니 매우 묵직한 것이 검은색 철로 만든 것 같았다. 하지만 고양이의 두 눈은 진주였다.

엔지니어가 부인에게 말했다.

"고양이의 두 눈만 300달러에 사겠소."

가격이 괜찮다고 여긴 부인은 동의했다. 고양이의 눈을 들고 신이 나서 호텔로 돌아온 엔지니어가 논리학자에게 자랑했다.

"어이 친구, 이것 좀 보게. 겨우 300달러만 주고 이렇게 커다란 진주를 샀다네."

그 진주는 적어도 1000달러는 넘어 보였다. 호기심이 생긴 논리학자가 어찌된 일인지 묻자 엔지니어가 자초지종을 설명해 주었다. 그의 말이 끝나자마자 논리학자가 급히 물었다.

"그 부인 아직도 그 자리에 있는가?"

"아마도 거기 있을 걸. 그 눈 없는 고양이를 팔려고 하고 있었으니까."

대답을 들은 논리학자는 서둘러 거리로 뛰쳐나가더니 노부인에게 200달러를 주고 고양이를 사들고 돌아왔다. 엔지니어는 친구를 비웃으며 말했다.

"자네 미쳤군. 200달러나 주고 눈도 없는 고양이를 사오다니."

하지만 아무 말 없이 자리에 앉아 고양이를 자세히 살펴보던 논리학자는 돌연 무슨 생각이 떠올랐는지 작은 칼로 고양이의 다리를 벗겨내었다. 검은색 칠이 떨어져 나가자 찬란한 금색의 자국이 드러났다. 이를 본 논리학자는 크게 기뻐했다.

"과연 내 생각대로군. 이 고양이는 순금으로 만들어진 거야."

알고 보니 그 고양이를 만든 주인은 황금 고양이가 소문날까 두려워 철로 만든 것처럼 보이도록 검은색 칠을 한 것이었다. 엔지니어는 후회했지만 이미 때는 늦었다.

이번에는 논리학자가 그를 비웃으며 말했다.

"자네는 학식은 넓지만 생각이 모자라는군. 일을 분석하고 판단할 때 전체를 보았어야지. 고양이의 눈을 진주로 만들 정도였다면 전신全身을 아무 가치 없는 쇳조각으로 만들었을 리는 없잖아."

창의적인 사고의 연상이 부족하면 개인의 발전만이 아니라 사업에도 심각한 영향을 미칠 수 있다. 눈앞에 보이는 이익만이 전부는 아니다.

사과 속의 별

유치원에서 돌아온 아들이 아빠에게 그날 있었던 일을 이야기했다.

"아빠, 오늘 유치원에서 대단한 걸 발견했어요!"

"뭘 발견했니?"

아빠는 시큰둥하게 물었다.

"사과 속에 별이 하나 숨어 있어요."

'그럴 리가?'

아버지는 눈을 크게 떴다.

아들은 자신이 발견한 것을 보여 주기 위해 사과와 과일칼을 가져왔다. 그리고는 있는 힘을 다해 사과를 갈랐다. 이때 아이는 줄기에서 바닥까지 세로로 자르지 않고 사과의 허리를 가로로 잘랐다.

"아빠, 보세요. 정말 예쁜 별이죠?"

사과를 본 아빠는 깜짝 놀라지 않을 수 없었다. 그동안 수없이 많은 사과를 먹으면서도 익숙한 전통적인 방식으로만 사과를 잘랐을 뿐, 그 외의 다른 방법이 있다고는 생각지도 못했다. 그러니 사과 속에 아름다운 별이 숨어 있는지도 몰랐던 것이다.

무슨 일이든 항상 다른 사람이 가르쳐준 방법대로만 따른다면 기쁨이나 수확을 얻을 수 없을 것이다. 무엇에 대한 답도 다른 사람이 이미 발견했던 것일 테니까.

내가 세상을 만든다

그날 나는 몇 권의 책을 포장한 짐을 옆에 내려놓고 보석점의 데스크 앞에 서 있었다. 한참 보석을 고르고 있는데 옷을 잘 차려입은 남자가 곁으로 다가와 보석을 보기 시작했다. 나는 그가 잘 볼 수 있도록 예의 바르게 내 짐을 옆으로 옮겼다. 하지만 내 의도와는 다르게 이 사람은 화가 잔뜩 나서 나를 노려보며 말했다.

"이보세요, 저는 정직한 사람입니다. 당신 물건을 훔칠 생각은 추호도 없어요."

그는 문을 박차고 보석점을 나갔다.

"흥, 정신병자로군!"

어이 없이 욕을 먹은 나도 화가 났다. 보석을 볼 기분도 사라졌다.

차를 타고 집으로 향하는데 길에 늘어선 차들이 마치 거대하고 둔한 송충이처럼 굼뜨게 움직였다. 전후좌우의 차를 보며 나는 또다시 화가 치밀어 계속 투덜댔다.

'어디서 이렇게 차가 많이 나온 거야? 저 운전사는 정말 운전을 못하는군. 차를 저따위로 험하게 몰다니, 목숨이 아깝지도 않은가 보군. 이 자식은 왜 또 이렇게 느려? 운전을 어떻게 배운 거야. 운전 교사에게 돈을 돌려받아야겠군.'

그러다 대형 트럭과 동시에 교차로에 도착했다.

'이 녀석은 자기 차가 큰 것만 믿고 달려 나가겠지.'

내가 의식적으로 속도를 줄일 준비를 할 때 트럭이 먼저 속도를 줄였다. 운전사는 창밖으로 고개를 내밀고 나에게 손을 흔들어 먼저 가라는 신호를 보냈다. 그는 밝고 유쾌한 미소를 짓고 있었다. 차를 운전해 길목을 지나며 가슴에 가득했던 불만이 흔적도 없이 사라지면서 마음이 따뜻해졌다.

보석점의 남자는 다른 곳에서 화나는 일을 겪었는지도 모른다. 어쨌든 그는 자신의 불쾌함을 나에게 전염시켰고 덩달아 기분이 상한 나의 눈에 세상은 온통 적의敵意에 차 있었다. 그러나 그때 만난 트럭 운전사의 밝은 미소가 나의 적의를 없애고 좋은 기분으로 바꿔주었다. 세상은 변하지 않는다. 변하는 것은 사람의 마음이다.

다른 사람이 당신에게 화를 내는 것은 그가 화가 났기 때문이지 100% 당신의 잘못 때문만은 아니다. 만일 미소로 적의를 없앨 수 있다면 세상은 얼마나 아름다워질까.

생명의 가치

고아원에서 자라는 소년이 슬픔에 빠져 원장에게 물었다.

"저처럼 아무도 원하지 않는 아이가 살아서 무슨 의미가 있나요?"

원장은 따뜻한 미소만 지어 보일 뿐 아무 말도 하지 않았다.

어느 날 원장이 소년에게 돌멩이를 주며 말했다.

"내일 아침 이 돌을 가지고 시장에 가서 팔아 보아라. 하지만 정말 팔지는 말고 주겠다는 가격만 물어보렴. 사람들이 얼마를 부르든 절대로 팔아서는 안 된다."

다음날 소년은 돌을 들고 시장의 구석에 쪼그리고 앉았다. 뜻밖에도 적지 않은 사람들이 그의 돌에 흥미를 보였다. 게다가 시간이 갈수록 가격이 점점 더 올라갔다. 고아원에 돌아온 소년은 흥분하여 원장에게 보고했다. 원장은 웃으며 다음날은 황금 시장에 가서 팔아보라고 했다. 황금시장에서는 어제의 10배나 되는 가격으로 그 돌을 사겠다는 사람이 나섰다.

마지막으로 원장은 아이에게 돌을 보석 시장에 가져가 전시해 보라고 했다. 돌멩이의 가격은 다시 10배로 올랐다. 그뿐이 아니었다. 가격이 아무리 올라도 소년이 절대로 팔지 않으려 하자 그 돌이 '희귀한 보석'이라는 소문까지 돌았다. 희희낙락해서 돌을 들고 돌아온 소년이 원장에게 보고하며 어째서 이런 일이 생긴 건지 물어보았다. 원장은 웃음을 거두고 소년을 바라보며 진지하게 설명해 주었다.

"생명의 가치도 이 돌과 같단다. 환경에 따라 서로 다른 의의가 있지. 하찮은 돌멩이도 네가 소중히 여기고 팔기를 아까워하자 가치가 올라가고 희귀한 보석이 된 걸 보았지? 너도 이 돌멩이 같지 않을까? 자기 자신을 존중하고 아껴야만 생명도 의의가 있고 가치가 생긴단다."

스스로 자신을 별 볼일 없는 사람으로 취급하면 남들은 더욱 무시한다. 생명의 가치는 자신의 태도에 따라 결정된다. 세상에 하나밖에 없는 자신을 소중히 여기고 충실하게 자신을 담금질하라. 세상도 결국에는 당신의 가치를 인정할 것이다.

마음의 감옥

몇 십 년 전 뉴욕 북부 교외에 에밀리라는 소녀가 살고 있었다. 그녀는 자신의 꿈이 이루어지지 않을까 걱정하고 한탄하며 지냈다. 에밀리의 꿈은 다른 또래 소녀들과 마찬가지로 백마를 탄 멋진 왕자와 결혼하여 오래도록 행복하게 사는 것이었다.

에밀리는 하루 종일 몽상에 빠져 지냈다. 주변의 친구들이 하나 둘 결혼을 하자 그녀는 자신의 꿈이 영원히 이루어지지 않을 거라며 우울해 했다.

어느 비 내리는 오후 에밀리는 가족의 충고에 따라 유명한 심리학자를 찾아갔다. 악수를 나누는 그녀의 차가운 손가락은 마음까지 스산하게 만들었다. 에밀리는 창백하고 초췌한 얼굴에 슬픔과 원망이 깃든 눈빛으로 심리학자에게 말했다. 그녀의 목소리는 마치 무덤에서 흘러나오는 듯 생기가 없고 음울했다.

"저한테는 아무 희망이 없어요. 선생님은 무슨 방법이 있으신가요?"

심리학자는 오랫동안 생각에 잠겼다가 말했다.

"에밀리, 그보다도 우선 당신 도움이 필요한데 혹시 저를 도와줄 수 있나요?"

에밀리는 의아한 생각이 들었지만 고개를 끄덕였다.

"화요일에 우리 집에서 파티를 열어요. 그런데 아내 혼자서 준비하기에는 너무 바쁘거든요. 당신이 손님 접대를 도와주었으면 좋겠어요. 우선 내일 아침 일찍 새 옷을 사세요. 하지만 당신이 고르지 말고 점원이 골라주는 것으로 사요. 그런 다음 머리를 하되 마찬가지로 미용사의 의견에 따르세요. 그날 손님이 매우 많이 올 거예요. 그런데 서로 아는 사람은 그리 많지 않을 겁니다. 그들이 어색해하지 않도록 저를 도와서 적극적으로 손님들을 환영하고 아는 체를 해주세요. 특히 혼자 외로워 보이는 사람들을 도와주세요. 당신이 모든 손님들을 빠짐없이 다 돌봐주었으면 좋겠어요. 알겠죠?"

에밀리가 불안한 표정으로 망설이자 심리학자가 격려했다.

"괜찮아요. 사실은 굉장히 간단해요. 예를 들면 커피를 마시지 않는 사람에게는 커피를 한 잔 가져다주고, 너무 더우면 창문을 여는 그런 일들이에요."

심리학자의 주문대로 에밀리는 한번 해보기로 했다. 화요일이 오자 에밀리는 격식에 맞게 머리를 하고, 옷을 차려입고 파티에 왔다. 심리학자의 요구대로 그녀는 최선을 다해 다른 사람들을 도우려 애썼다. 그녀는 점차 자신의 근심 따위는 잊어버리고 생기 넘치는 눈빛과 환한 웃음으로 파티에서 가장 인기 있는 사람이 되었다. 파티가 끝나자 세 명의 청년이 그녀를 집에 데려다 주겠다고 제안했다.

그 뒤로도 세 청년은 열렬하게 에밀리를 따라다녔고 그녀는 그 중 한 명의 청혼을 받아들였다. 물론 심리학자는 귀빈 자격으로 그녀의 결혼식에 참가했다. 행복한 신부를 보며 사람들은 심리학자가 기적을 이루어냈다고 말했다.

자기 연민에 빠져 스스로 가련하게 여기고 고독에 흠뻑 젖어 있는 사람은 다른 사람들에게 다가가지 못한다. 물론 다른 사람들도 역시 당신의 세계에 들어올 수 없다. 강한 나르시시즘은 자신을 연못 속에 고립시킬 뿐이다.

나는 누구인가

평범한 가정에서 태어나 평범한 일을 하고 평범한 남편을 만나 평범한 가정을 꾸린 여자가 있었다. 어느 날 신문에 왕비를 연기할 특별한 연기자를 뽑는다는 기사가 크게 실렸다. 그녀의 한 친구가 그녀 대신 응모 사진을 보냈고 뜻밖에 이 평범한 여자는 그때부터 '왕비'의 삶을 살기 시작했다.

처음에는 모든 것이 너무 힘들었다. 그녀는 왕비에 관련된 많은 책을 읽고 왕비의 심리를 세심하게 따져 보고 연구해야 했다. 또한 왕비의 웃음이나 말, 행동 등을 반복해야 했다.

"달라! 달라! 똑같지 않아! 그것도 달라!"

감독과 촬영기사는 끝없이 트집을 잡았고 계속해서 반복하게 했다. 이제 평범한 여자는 능숙한 왕비가 되었다. 역할에 몰입하는 데도 얼마 시간이 걸리지 않았다. 불행한 점은 이제 그녀가 평범한 자신으로 돌아가기 매우 어려워졌다는 것이다.

매일 아침, 잠에서 깨면 그녀는 자신을 일깨워야 했다.

'나는 누구지? 왕비인가, 아님 평범한 나인가?'

아무 이유도 없이 남을 마음대로 부리지 않도록 조심해야 했고, 선량한 남편과 활발한 딸을 변덕스럽게 대하지 않기 위해 더욱 자신이 누구인지 경고해야 했다. 평범한 여자는 고통스러워하며 말했다.

"특별한 대우를 받는 고귀한 사람에서 평범한 실제 나로 돌아오는 것이 너무 힘들어요."

이 말을 할 때도 그녀는 여전히 왕비 같았다.

많은 사람이 무대 의상에 의해 변한다. 곡이 끝나고 사람들이 흩어진 후에도 여전히 옷을 벗지 못하면 자신을 되찾지 못한다.

세상의 모든 어머니들에게

중국의 작가인 베이예北野는 "민족 자질은 곧 어머니에게서 비롯된
다."고 주장했다. 그는 여러 나라를 돌아다니면서 그 나라 어머니들의
자녀 교육 방식을 관찰하여 이러한 결론을 얻었다.

어느 날 베이예는 중국의 농촌에서 아이들이 함께 노는 모습을 지
켜보고 있었다. 그런데 한 아이가 다른 아이를 못살게 굴더니 급기
야 울리고 말았다. 그때 아이의 울음소리를 들은 엄마가 냉큼 달려
와 쏘아붙였다.

"왜 때린 거야! 또 그러면 죽을 만치 때려줄 테다. 알겠니?"

베이예는 영국에서도 비슷한 장면을 목격한 적이 있었다.

그런데 괴롭힘을 당한 아이의 어머니는 다른 아이들에게 이렇게
말했다.

"얘들아, 사이좋게 놀아야지. 너희들은 친구잖아."

영국의 어머니는 아이들에게 도리道理를 가르쳤던 것이다. 그와 달

리 중국의 어머니는 아무런 설명도 하지 않은 채 어린아이에게 협박까지 해댔다. 이런 식의 교육은 당연히 나쁜 결과를 초래하게 마련이다. 자녀에게 지나친 의뢰심依賴心을 심어줘 강한 힘에 의지하도록 만들고, 비논리적인 성격을 키워 주는 것이다.

한 번은 베이예가 한 영국인 친구의 집에 놀러갔는데, 세 살 된 그 집 아이가 함께 목욕을 하자고 했다. 그는 그러자고 대답했으나 정작 하지는 않았다.

결국 그가 아이와 함께 목욕해 주길 기다리다가 지친 엄마에게서 쓴소리를 들었다.

"어떻게 아이를 속일 수가 있어요? 하기 싫으면 솔직하게 얘기했어야죠."

베이예는 너무 부끄러웠다. 그는 그저 거짓말로 아이를 구슬린 셈이었다. 만약 자녀를 그런 식으로 키운다면, 나중에 아이는 과연 다른 사람들을 믿을 수 있을까?

베이예의 이야기를 들었을 때 나는 고향의 한 선생님이 생각났다. 사립학교의 교사였던 그에게는 세 딸이 있었는데, 모두 학생이었다. 어느 날 집안 형편이 어려웠던 그에게 한 지인이 고등학생인 그의 큰딸을 두고 충고를 해왔다.

"큰애 성적도 그저 보통이라면서? 대학 진학은 단념시키고 집에 내려와 농사나 짓게 하지 그래?"

그에 대한 선생님의 대답은 우리에게 큰 교훈을 준다.

"나 역시 내 딸이 대학에 가긴 어려울 것 같다고 생각하네. 하지만 이 아이는 장래에 어머니가 될 게 아닌가. 오늘 좀 더 많이 배워 두면 나중에 아이들을 낳아 교육할 때 큰 도움이 되겠지.”

아이를 낳기로 결정할 때 일생에서 가장 큰 책임감이 주어진다. '맹모삼천지교孟母三遷之敎'라는 말을 떠올려 보자. 어머니의 자질은 곧 그 민족과 나라의 장래를 결정한다.

로젠탈 효과Rosenthal effect

1960년 하버드 대학의 로버트 로젠탈Robert Rosenthal 박사가 캘리포니아 주의 한 학교에서 유명한 실험을 한 적이 있다. 신학기가 시작될 때 로젠탈은 세 명의 교사를 교무실로 불렀다.

"지난 3~4년간의 수업 태도를 조사한 결과 여러분이 본교에서 가장 뛰어난 선생님으로 선정되었습니다. 여러분을 장려하는 의미에서 올해 저희는 특별히 전교에서 가장 총명한 학생들을 뽑아 여러분의 반으로 배정했습니다. 평균보다 월등히 뛰어난 아이들이니 여러분이 더 좋은 성적을 거두게 도와주시기 바랍니다."

기쁨을 감추지 못하는 선생님들을 향해 교장 선생님이 당부의 말을 덧붙였다.

"평소와 똑같이 학생들을 가르치세요. 자기들이 특별히 선출되었다는 사실을 아이들과 부모들이 알아서는 절대로 안 됩니다."

1년 후, 이 세 반 학생들은 전체 학군 가운데서 가장 우수한 성적을 올렸다. 이는 평균보다 두세 배나 높은 성적이었다. 그제야 교장 선생님은 세 선생님께 진실을 밝혔다. 학생들은 특별히 뽑은 아이들이 아니라 임의로 뽑은 보통 학생이었던 것이다. 뜻밖의 사실을 듣고 깜짝 놀란 선생님들은 학생들의 우수한 성적이 모두 자신들 덕이었음을 깨달았다. 교장선생님은 세 선생님에게 또 다른 진실을 차마 알리지 못했다. 그 세 선생님도 임의로 뽑혔던 것이다.

모든 결과는 로젠탈 박사의 예상과 같았다. 자신이 우수하다고 생각한 세 선생님은 자신감과 긍지를 가지고 수업에 각별히 노력을 기울였다. 그들은 유능한 학생을 가르치고 있다고 생각했기에 좋은 결과를 확신했고 결과는 예상대로 학생과 교사 모두 우수해진 것이다.

'피그말리온 효과Pygmalion effect'라고도 한다. 다른 사람의 칭찬과 기대, 자기 긍정의 심리적 암시는 평범함을 특별하게 바꾼다. 갈라테이아에게 지극한 열정을 쏟은 피그말리온처럼, 당신도 한 번 시도해 보라.

심증心證과 물증物證

초등학교 때 매주 작문 수업이 있었다. 국어 선생님은 작문 종이에 문장에 대한 평가를 쓴 뒤 작문 점수에 따라 순서대로 호명하며 돌려주었다. 이름이 뒤에 불리면 매우 창피했기에 모두들 작문에 열심히 매달렸다. 원래 작문을 좋아했던 나는 열심히 노력까지 한 덕분에 작문 시험지를 돌려받을 때마다 대부분 앞부분에 호명을 받았다.

한번은 '북풍北風'인지 '춘풍春風'인지 제목이 확실히 기억나지는 않지만 작문을 끝내고 스스로 매우 만족한 적이 있었다. 다음 주에 작문을 돌려받을 때 틀림없이 앞의 몇 명 안에 들 것이라고 확신했다. 그러나 예상과는 달리 내 이름은 맨 마지막에 불렸다. 어떻게 된 일인지 이해할 수가 없었다. 수업이 끝나고 국어 선생님께 여쭤보았다.

"이 글은 초등학생이 쓴 글이 아니야. 분명 무슨 잡지에서 베낀 게 틀림없어. 네가 베낀 게 아니라면 증명해 봐라."

나는 반박도 제대로 못 하고 억울함에 한바탕 울음을 터뜨렸다. 어린 시절에 있었던 여러 가지 일들은 지금 거의 대부분 잊었지만 유독 그때 당한 억울함만은 뚜렷하게 기억하고 있다.

그런 일은 한 번뿐이 아니었다. 대학교 3학년 때도 비슷한 일을 겪은 적이 있다. 교류 회로를 테스트하는 수업에 최저 또는 최고 일률一率에 관한 문제가 있었다. 교수님은 미분微分을 사용하여 답을 얻는 방법을 설명했다. 그 방법이 귀찮았던 나는 시험 때 기상천외한 방법을 생각해 냈다. 기하幾何로 접선의 관계를 이용하여 답을 써 낸 것이다. 그 시험에 나는 매우 자신이 있었지만 뜻밖에 0점을 받았다. 미분을 사용하지 않았다는 이유였다. 교수님은 기하를 이용한 방법이 틀림없이 다른 데에서 베껴 온 것이라고 말하셨다. 초등학교 때 겪었던 억울함의 재탕이었다.

시간이 흘러 내가 미국에서 교수를 할 때 또 한 번 비슷한 일이 생겼다. 한 미국 학생이 기말고사 대신 학기 논문을 제출했다. 그의 논문은 대단히 새롭고 창의적이었다. 대학생이 쓴 논문이라고는 믿기 힘들었다. 자연스럽게 나는 그가 어디에서 베꼈다는 의심이 들었다. 베낀 것이라면 불합격이고 베끼지 않은 것이라면 대단한 논문이었다. 이제 극단적인 결정만 남았다. 나는 도서관에 가서 이틀 동안 최신 간행물을 뒤져 비슷한 내용이 있나 뒤져 보았지만 찾을 수가 없었다. 그래서 동료 교수에게 도움을 청해 어떻게 해야 좋을지 물었다. 동료는 내 이야기를 듣고는 이상하다는 표정으로 대답했다.

"자네의 학생이 베꼈다는 증거가 없다면 그 학생이 베꼈다고 말할 수 없지. 자네 학생은 자신이 베끼지 않았다고 증명할 의무가 없어.

이는 로마법의 정신이네. 문명과 야만의 경계는 이렇게 미세한 차이에 있다네. 나는 이걸 상식이라고 생각하는데 자네는 문제라고 생각하니 신기하군!"

심증心證만으로 죄의 유무를 판단하는 것은 어리석은 짓이다. 정확한 물증物證도 없이 타인에게 혐의를 뒤집어씌우는 것은 또 다른 범죄고 폭력이다.

사랑도 지나치면 독이 된다

아이 문제로 마음이 심란한 어머니가 정신과 전문의를 찾아 왔다.
의사가 그녀에게 물었다.

"혹시 아이가 처음으로 신발 끈을 묶을 때 매듭을 엉망으로 묶자 그
뒤로는 신발 끈이 없는 신발만 사주었습니까?"

부인이 고개를 끄덕였다.

"아이가 처음으로 설거지를 하며 옷을 적시자 다시는 설거지를 못
하게 했습니까?"

부인은 또 고개를 끄덕였다.

"아이가 처음으로 침상을 정리할 때 한 시간이나 걸리자 둔한 모습
이 보기 싫었죠? 맞습니까?"

부인은 놀란 표정으로 전문가를 바라보았다.

"아이가 대학을 졸업하고 일을 찾을 때 부인의 인맥과 권력을 동
원했죠?"

이쯤 되자 부인은 너무 놀라 자리에서 벌떡 일어나 의사에게 다가가 물었다.

"이 모든 걸 어떻게 아셨죠?"

"신발 끈에서 알았습니다."

"그럼 저는 앞으로 어떻게 해야 하나요?"

"아들이 아플 때 병원에 데려가고, 결혼할 때 집을 준비해 주시고, 돈이 없을 때 돈을 보내 주십시오. 이것이 당신이 앞으로 할 수 있는 최상의 선택입니다. 다른 것은 저도 어쩔 수 없습니다."

아이가 자라는 동안 존재하는 매우 부드러운 함정은 바로 아이를 과보호하는 부모가 직접 판 함정이다. 함정에 빠진 아이는 잘못을 저질렀을 때 그 잘못을 고칠 기회를 빼앗겼기 때문에 성인으로 자랄 권리를 잃어버린 것이다.

아이가 스스로 갈 수 있게 손을 놓을 수 없는 어머니는 계속 보호하는 수밖에 없다. 아이는 아직도 젖을 떼지 못했으며 앞으로도 그럴 것이다.

만약 돈을 주웠다면

두 가난뱅이가 길을 가며 이야기를 나누었다.

"사는 게 이리도 고달픈데 하늘에서 돈이라도 떨어지면 좋겠구면. 어이, 형씨. 정말로 돈을 주우면 어떻게 할 거요?"

다른 사람이 대답했다.

"말할 것도 없이 우리 둘이 반씩 나눠야지."

"아니지."

첫 번째 사람이 말했다.

"돈은 주운 사람이 임자지. 내가 뭘 했다고 형씨한테 반을 달라고 하겠소?"

"이거 봐라! 그럼 자네가 돈을 주우면 자네 혼자 다 차지하겠다는 뜻이로군? 자네 정말 욕심쟁이였네. 친구라고 할 수도 없군. 친구가 될 수 없는 사람은 사람의 탈을 쓴 짐승이나 마찬가지야."

다른 사람은 이 말을 듣자 화가 치밀었다.

"뭐라고? 짐승? 다시 한 번 말해 보게."

"말하라면 하지, 내가 당신 무서워 못할 줄 알고? 짐승!"

말이 끝나기도 전에 두 사람은 달려들어 주먹으로 때리고 발로 차며 한바탕 싸움을 벌였다.

마침 맞은편에서 걸어오던 사람이 달려와 싸움을 말렸다. 서로 욕을 하며 싸움을 그만두지 않는 두 사람을 간신히 떼어놓았다. 싸움의 원인을 들은 사람은 어이가 없다는 듯이 크게 웃었다.

"난 또 정말 돈을 주웠는지 알았소. 아니, 돈도 줍지 않았는데 이렇게 심하게 싸운 거요?"

두 사람은 그제야 정신이 번쩍 들었다. 주먹다짐까지 했지만 사실 돈은 줍지도 않은 것이었다. 쓸데없는 싸움 때문에 가던 길을 지체한 것은 물론이요, 옷은 엉망이 되었고, 얼굴은 맞아서 심하게 아팠다. 스스로 생각해봐도 기가 차 웃음만 나왔다.

이윤이 생기기도 전에 동업자와 아귀다툼을 벌이다가는 결국 이도 저도 다 잃고 아무것도 남지 않는다. 살아가면서 이런 예는 흔히 볼 수 있다.

행복의 신

20대 초반의 젊은이가 급하게 길을 가고 있었다. 그는 길가 풍경이나 지나가는 사람에는 조금도 관심이 없었다. 어떤 사람이 그를 막아서고 물었다.

"젊은이, 뭐가 그렇게 바쁘오?"

젊은 사람은 고개도 돌리지 않고 앞만 보고 달려가며 대충 대답을 했다.

"가로막지 말아요. 저는 행복을 찾는 중입니다."

순식간에 20년이 지나갔다. 젊은이는 이미 중년이 되었지만 여전히 길가에서 달리고 있었다. 어떤 사람이 또다시 그를 가로막았다.

"어이, 이봐요, 뭐가 그렇게 바쁩니까?"

"방해하지 말아요. 저는 행복을 찾고 있습니다."

다시 20년이 흘렀다. 그는 이제 노안으로 앞이 침침한 초라한 노인이 되어 있었다. 하지만 여전히 앞으로 걸음을 옮기려 발버둥치고 있었다. 어떤 사람이 그를 붙잡고 물었다.

"노인 양반, 아직도 당신의 행복을 찾고 있소?"

"그렇소."

대답을 하던 노인은 돌연 무언가 깨닫고 눈물을 흘렸다. 그에게 질문을 한 사람은 행복의 신이었다. 그가 평생을 찾은 행복의 신은 바로 그의 옆에 있었던 것이다.

허무하고 희미한 극단적인 목표를 세우지 마라. 행복과 즐거움은 사실 당신 곁에 있는 모든 작은 일들 가운데에 있다.

속아 넘어간 농부

당나귀를 탄 농부가 산양 한 마리를 끌고 도시의 장으로 가고 있었다. 그때 사기꾼 세 명이 그 농부를 속여 먹기로 작정했다.

첫 번째 사기꾼은 농부가 당나귀의 등에서 조는 틈을 타, 양의 목에 걸린 방울을 당나귀의 꼬리에 옮겨 달고는 양을 끌고 가버렸다. 잠시 후 우연히 뒤를 돌아본 농부는 산양이 사라진 것을 발견하고 황급히 찾기 시작했다. 이때 두 번째 사기꾼이 다가와 친절하게 무슨 일인지 물어보았다. 농부는 양을 도둑맞은 이야기를 하며 혹시 본 것이 없느냐고 물었다. 사기꾼은 아무데나 한 방향을 가리키면서 어떤 사람이 방금 산양 한 마리를 끌고 숲으로 지나가는 것을 봤다고 말했다. 그리고는 틀림없이 그 사람일 테니 빨리 쫓아가 보라고 재촉했다.

농부는 당나귀를 이 '착한 사람'에게 맡긴 채 급히 산양을 쫓아갔다. 허탕을 친 농부가 빈손으로 돌아왔을 때는 당나귀도 이미 '착한 사람'과 함께 흔적도 없이 사라진 뒤였다.

상심한 농부는 울면서 길을 걸었다. 그러다가 물가에 앉아서 자신보다 더 슬프게 우는 사람을 발견했다.

'세상에 나보다 더 운이 나쁜 사람도 있단 말인가?'

이상하게 생각된 농부는 그에게 다가가 왜 울고 있는지 물었다. 그는 황금 동전 주머니를 가지고 물건을 사러 가던 길이었는데, 물가에서 다리도 쉴 겸 세수를 하다가 잘못해서 주머니를 물 속에 빠뜨렸다는 것이었다. 물 속에 들어가 꺼내고 싶어도 자신은 수영을 할 줄 모르니 농부가 대신 꺼내주면 금화 스무 개를 주겠다고 했다. 농부는 속으로 생각했다.

'이거 잘 되었군. 양하고 당나귀는 잃어버렸지만 금화 스무 개를 얻을 수 있다면 손해를 보상하고도 남겠는 걸.'

농부는 급히 옷을 벗고는 물속으로 뛰어 들어갔다. 그가 빈손으로 물에서 나왔을 때는 옷도 양식도 이미 사라진 후였다. 주머니 속에 남아 있던 돈마저도 몽땅 잃어버린 것이었다.

보통 사람들은 일이 생기기 전에는 경계를 소홀히 하다가 뜻밖의 사건이 일어났을 때야 비로소 안절부절못한다. 세 명의 사기꾼은 사람들의 이런 약점을 파악하고 손쉽게 모든 것을 빼앗아버린 것이다.

국왕의 화원

　고대 인도에 대단히 아름다운 아내를 맞이한 국왕이 있었다. 국왕
부부는 서로 사랑하며 화목하게 지냈다. 그러나 하늘이 이들의 사랑
을 시기했는지 국왕의 사랑스러운 아내가 불치병에 걸렸다. 나라에
서 가장 뛰어난 의사도 속수무책이었고 결국 왕비는 세상을 뜨고 말
았다.

　비통함에 빠진 국왕은 아내를 위해 성대한 장례식을 거행했다. 가
장 뛰어난 목수에게 구할 수 있는 최고의 목재로 왕비의 관을 짜게
한 왕은 매일 아내를 볼 수 있도록 왕비의 관을 왕궁 옆 대전에 보관
하게 했다. 왕은 틈만 나면 아내와 함께 지내며 아름다운 추억들을
되새겼다.

　시간이 흐르자 영전 주변의 풍경이 너무 단조로워 아내의 아름다
움에 어울리지 않아 보였다. 왕은 영전 주변에 화원을 짓고 전국 각
지에서 기이하고 특이한 꽃을 수집해 왔다. 화원이 완성된 후에도 뭔

가 부족함이 느껴지자 강물을 끌어와 아름다운 인공 호수를 만들었다. 호수가 완성된 후에는 다시 정자를 짓고 일류 조각가를 불러 정교한 조각을 제작하고……. 여전히 만족하지 못한 왕은 화원을 끊임없이 확장하고 외관을 꾸몄다.

왕은 말년이 되어서도 화원에 집착하며 어떻게 하면 더욱 완벽하게 만들까만 고민했다.

그러던 어느 날 그의 시선이 아내의 관에 머물렀다.

'이 아름다운 화원에 관이라니. 도무지 어울리지 않는군!'

왕은 손을 휘저으며 명령을 내렸다.

"어서 저 관을 옮겨라."

감정에 치우쳐 있으면 사태를 이성적으로 판단하기 어렵다. 즉 문제를 해결하기 보다는 사태를 악화시키고 최악의 결과를 초래하기도 한다. 감정을 앞세우기보다 그것을 이성과 조화시키기 위해 노력해야 한다. 이것이 바로 절제고 중용中庸이다.

어리석은 아이

어떤 어리석은 아이가 있었다.

그 아이가 왜 바보 같으냐고? 5센트와 10센트짜리 동전을 그에게 보여 주고 하나를 고르라고 하면 그 아이는 항상 5센트짜리를 집었다.

언제나 예외 없이 마찬가지였다. 이러니 바보가 아니란 말인가? 모두들 그 아이를 비웃었다.

한 번은 외지에서 온 현명한 사람이 그곳을 지나가다가 이 이야기를 듣고 직접 시험을 해보았다.

과연 사람들의 말대로 아이는 5센트짜리를 골랐다. 현자는 크게 웃으며 아이의 어깨를 두들기고 말했다.

"자네 정말 똑똑하군."

그 아이도 따라 웃었다.

도대체 이 아이는 어리석은가, 그렇지 않은가.

윌리엄 헨리 해리슨William Henry Harrison이라는 이 소년은 자라서 미국의 제9대 대통령에 당선되었다.

당신이 10센트짜리를 집으면 다음번에 누가 당신에게 돈을 집으라고 하겠는가?

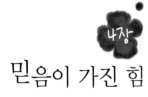

믿음이 가진 힘

경쟁의 진정한 의미

　1936년 베를린에서 아돌프 히틀러Adolf Hitler가 12만 관중에게 올림픽의 개막을 선포했다. 그는 세계가 주목하는 올림픽을 통해 아리안 민족의 우월함을 증명하려 했다.

　당시 육상 경기의 최고 선수는 미국의 제시 오언스Jessy Owens였다. 하지만 독일에는 멀리뛰기 종목의 대표선수 루츠 롱Lutz Long이 있었다. 히틀러는 그에게 흑인인 오언스를 반드시 이겨서 아리안 민족의 우월성을 증명할 것을 주문했다.

　나치의 신문이 올림픽에서 흑인을 몰아내자고 목소리를 높이는 가운데 오언스는 육상 100미터와 200미터 그리고 400미터 계주와 멀리뛰기에 참가했다. 멀리뛰기는 그의 첫 번째 경기였다. 히틀러도 직접 경기를 관전했다. 롱은 순조롭게 결승에 올랐고 그 다음은 오언스의 차례였다. 자신의 최고 기록보다 반 미터만 적게 뛰어도 결승에 오를 수 있었다. 첫 번째 시도에서 오언스는 도약판을 밟는 반칙을 저질렀다. 두 번째는 안전하게 도약판 뒤쪽에서 뛰었지만 최하의 성적이 나왔다. 마지막 기회가 남았지만 그는 자신감을 잃고 주저하고 있었다. 히틀러는 볼 가치도 없다는 듯이 자리를 떴다.

히틀러가 경기장을 나가는 것과 동시에 여위고 푸른 눈의 아리안인 독일 선수가 오언스에게 다가가 딱딱한 영어로 자신을 소개했다. 사실 그는 자기소개를 할 필요가 없었다. 롱을 모르는 사람은 없었으니까. 롱은 이가 드러나는 환한 미소를 지으며 서투른 영어로 오언스의 팽팽하게 긴장된 신경을 풀어 주었다.

"가장 중요한 것은 결승에 오르는 자격을 얻는 것이오. 나도 작년에 똑같은 상황에 처한 경험이 있어요. 내 말대로 한번 해 봐요."

그는 오언스의 수건을 도약판 몇 인치 뒤에 두었다. 그곳을 기준으로 뛰면 결과에 큰 차이가 나지 않을 수 있었다. 오언스는 그 방법으로 올림픽 기록에 가까운 기록을 세웠다.

며칠 후 결승에서 롱은 세계 기록을 경신했지만 곧이어 오언스가 근소한 차이로 그를 이겼다. 귀빈석 히틀러의 얼굴이 파랗게 질렸다. 관중석의 고조된 분위기도 돌연 가라앉았다. 그 순간 경기장의 롱이 제시 오언스를 끌고 12만 독일인이 모여 있는 관람석 앞으로 가 그의 손을 들고 큰 소리로 외쳤다.

"제시 오언스! 제시 오언스! 제시 오언스!"

관중석을 무겁게 짓누르던 침묵이 함성으로 돌변했다.

"제시 오언스! 제시 오언스! 제시 오언스!"

오언스는 다른 손을 들어 감사를 표현했다. 관중의 환호가 가라앉자 그는 롱의 손을 들고 있는 힘껏 외쳤다.

"루츠 롱! 루츠 롱! 루츠 롱!"

경기장의 관중들도 함께 소리 질렀다.

"루츠 롱! 루츠 롱!"

터무니없는 정치 논리나 인종의 우열, 금메달의 득실도 없이 선수와 관중이 모두 하나의 감동 속에 빠져드는 순간이었다.

오언스가 기록한 8미터 6센티미터의 기록은 24년 동안 유지되었다. 그는 베를린 올림픽에서 네 개의 금메달을 획득했고 세상에서 가장 위대한 운동선수들 가운데 한 명으로 기억되고 있다.

몇 년 뒤 오언스는 당시를 회상하며 말했다.

"루츠 롱은 제가 금메달을 따도록 도와주었을 뿐 아니라 따뜻한 관심으로 인류애를 가르쳐 주었습니다. 영원히 사라지지 않을 스포츠 정신을 가르쳐 준 것이죠. 세계 기록은 제 뒤를 이을 후배 선수들에 의해 언젠가는 깨지겠지만 그가 보여준 스포츠 정신은 영원히 사라지지 않을 겁니다."

군자君子의 사귐은 물과 같이 담백하고 순수하다. 군자의 경쟁은 상대를 더 높은 곳을 향해 나아가도록 분발시키고 봄바람처럼 따뜻하게 비추며 사람의 마음을 정화시켜준다.

간야의 깊은 뜻

일본 가부키의 거장인 모리타 간야守田勘彌가 여행을 떠나는 백성 역役을 맡아 공연을 할 때였다. 무대로 막 나서려는 찰나에 제자 하나가 그에게 다가와 말했다.

"스승님, 짚신의 끈이 풀렸습니다."

간야는 고맙다고 말한 다음 꿇어앉아 끈을 단단히 조여 맸다. 그러나 간야는 제자가 보이지 않자 방금 조여 맨 끈을 도로 느슨하게 풀었다. 신발 끈을 헐겁게 매어 긴 여행길의 피로함을 표현하기 위해서였다. 그가 거장이 될 수 있었던 것은 그토록 세심한 부분까지 신경을 써서 연기했기 때문이다. 마침 그 장면을 목격한 기자가 공연이 끝난 후에 간야에게 물었다.

"왜 그 자리에서 제자를 가르치지 않으셨습니까? 그는 이 공연의 참뜻을 모르는 것 같던데요."

간야의 대답은 이랬다.

"다른 사람의 친절한 관심과 호의는 반드시 받아들여야 합니다. 그러고 나서 가르쳐도 충분하지요. 연기에 관해 가르칠 기회는 언제든지 있습니다. 그때 그 상황에서는 그의 호의를 감사하는 마음으로 받아들이는 게 더 중요한 일이었죠."

연기演技란 곧 사람됨의 표현이 아닌가. 사람됨이 훌륭해야 완벽한 연기를 펼칠 수 있다. 간야의 일화는 다른 사람의 호의를 감사하게 받아들일 줄 아는 열린 마음의 필요성을 우리에게 일깨워준다.

믿음이 가진 힘

제2차 세계대전이 끝난 얼마 후, 유럽 연합군 총사령관인 아이젠하워Dwight David Eisenhower는 컬럼비아 대학교의 총장이 되었다. 당시 부총장은 아이젠하워가 학교의 상황을 잘 이해할 수 있도록 각 학부와 과 대표자들의 면담을 추진했다. 그런데 학과 주임이 너무 많았던 터라 면담 대상을 각 대학의 학장과 관련 학과의 연합주임으로 제한했고, 총장이 매일 두세 명을 한 번에 30분 동안 면담할 수 있도록 준비해 놓았다.

10여 명과 면담을 끝낸 아이젠하워는 갑자기 부총장을 불렀다.

"앞으로 몇 명이나 더 남았소?"

"63명입니다."

아이젠하워는 깜짝 놀랐다.

"맙소사! 너무 많군! 이보시오, 부총장. 내가 연합군 총사령관으로 있던 군대는 말이오, 인류 역사상 가장 큰 군대였소. 하지만 난 딱 세

장군의 보고만 들으면 충분했지. 그들의 수하에게서는 보고를 들을 필요도, 만날 일도 없었다네. 부총장, 난 그들이 하는 얘기를 잘 알아듣지도 못하오. 이건 엄청난 시간낭비일 뿐이지. 남은 일정들을 모두 취소해 주겠소?"

아이젠하워가 미국 대통령으로 재임 중이던 어느 날이었다. 그가 골프를 치고 있을 때 백악관에서 그의 결정을 바라는 긴급 문서를 받았다. 문서는 모두 두 개로, 찬성과 반대 안이 씌어진 것이었다. 그런데 아이젠하워는 뜻밖에도 두 군데에 모두 사인을 하더니 이렇게 말했다.

"재키당시 부통령이었던 닉슨 Richard Milhous Nixon에게 하나 고르라고 하게."

그리고는 아무 일도 없었다는 듯이 골프를 계속했다.

영국군의 지휘관인 몽고메리Bernard Law Montgomery 장군은 오만불손하기로 유명했지만 아이젠하워의 말이라면 항상 복종했다. 아이젠하워의 지도력이 얼마나 뛰어났는지를 알 수 있는 대목이다. 권한을 움켜쥐고서 사소한 일까지 자신이 해야 성에 차는 지도자는 고생을 자처하는 꼴이며, 사람들의 마음도 사지 못한다. 마치 독불장군獨不將軍을 따르는 사람이 없는 것처럼.

비평을 대하는 자세

경영 컨설턴트 카네기Dale Carnegie가 겪은 일이다.

"여러 해 전, 제가 개설한 성인 훈련반과 시범 교육에 관한 회의에 뉴욕에서 온 『썬Sun』지의 기자가 참석했었습니다. 회의 도중 그 기자가 저와 제 일에 대해 인정사정없이 공격하더군요. 화가 머리끝까지 난 저는 그 모욕을 참을 수 없었습니다. 바로 『썬』지에 전화를 걸어 집행 위원회의 거스에게 '날 조롱한 것에 대한 사죄 기사를 실어 달라.'라고 강하게 요구했지요. 잘못을 한 사람은 마땅히 벌을 받아야 한다고 생각했던 겁니다.

하지만 최근에 그 때를 돌이켜 보면서 저는 제 행동에 부끄러움을 느꼈습니다. 그 당시 신문을 산 사람 중 절반은 그 기사를 보지도 않았을 겁니다. 기사를 본 사람들 중에 그 절반은 대수롭지 않은 일로 여겼을 것이고, 그 기사에 주의를 기울인 사람들 중에 그 절반은 몇 주 뒤 그 일을 완전히 잊어버렸겠죠."

카네기는 그 경험을 통해서 다른 사람의 부당한 비난을 막을 수는 없지만, 그것에 영향을 받고 안 받고는 스스로 결정할 수 있음을 배우게 되었다.

'최대한 당신이 해야 할 일을 하여라. 그런 다음 당신의 낡은 우산을 펼쳐 당신을 비판하는 빗물에 젖지 않도록 막아라.'

미국의 루즈벨트 대통령의 부인도 카네기에게 비평에 대처하는 백악관의 원칙에 대해 알려 준 적이 있다.

'유일한 방법은 바로 마음속에서 해야 한다고 느끼는 일을 하는 것이다. 무엇을 하든 비평은 받게 되어 있다. 내가 해도, 하지 않아도 욕은 먹는다.'

어느 누구라도 당신을 비평할 권리가 있다. 당신이 어떤 일을 하든지 가려서 들어야 할 것과 예의상 하는 말, 그리고 진정으로 당신에게 도움이 되는 것이 무엇인지 정확하게 파악해야 한다.

진정한 부자들의 돈 쓰는 방법

어느 날 친구와 함께 힐튼 호텔Hilton Hotel을 찾은 빌 게이츠가 혼잡한 차들 사이를 뚫고 주차장에 들어가려 애를 쓰고 있었다. 주차장 주변은 차들이 길게 늘어서서 매우 복잡했다. 그 때 귀빈용 주차장에 빈자리가 많이 있는 것을 본 친구가 그쪽에 차를 주차시키자고 했다.

"저긴 12달러나 내야 해. 가격이 너무 비싸."

게이츠가 말했다.

"내가 낼게."

"그건 좋은 생각이 아니야. 저 사람들은 부당한 이익을 취하고 있는 거라고."

게이츠가 주장을 굽히지 않았기에 그들은 결국 일반 주차장에서 자리를 찾았다.

게이츠는 바가지 씌우는 것을 매우 싫어했다. 하지만 마땅히 써야 할 돈에는 결코 인색한 적이 없었다. 그가 여러 해 동안 자선 기구에 기부한 거액의 기부금만 보아도 알 수 있다.

록펠러John Rockefeller는 호텔에 묵을 일이 있을 때면 언제나 일반 객실에 묵었다. 이를 궁금하게 여긴 종업원이 물었다.

"당신 아들은 항상 스위트룸에 묵는데 당신은 왜 일반 객실에 묵습니까?"

"나는 백만장자 아버지가 없기 때문이오."

하지만 록펠러도 교육과 환경 등에 기부할 때는 조금도 주저하지 않았다.

어느 날 리자청李嘉誠이 차에 타기 전에 손수건을 꺼내 얼굴을 닦다가 1위안한화로 약 182원짜리 동전을 바닥에 떨어뜨렸다. 마침 비가 내리고 있었는데도 리자청은 차 밑으로 굴러 들어간 돈을 집으려 애썼다. 결국 옆에 있던 종업원이 그 돈을 대신 주워주자 리자청은 그에게 100위안한화로 약 18200원을 팁으로 주었다.

"그 1위안은 줍지 않았다면 빗물에 휩쓸려 사라졌을지도 모르지만 이 100위안은 결코 사라져 버릴 리 없겠죠. 돈은 사회가 창조한 재산인데 낭비가 되어서는 안 됩니다."

재산을 아끼는 것은 재산을 얻는 전제 조건이다. 하지만 재산에 얽매이지 않는 것은 행복을 얻는 전제 조건이다.

잘못의 경중輕重을 가리다

일본 마쓰시타 기업의 창업주 마쓰시타 고노스케松下幸之助는 뛰어난 경영 기술과 선진적인 회사 관리로 '경영의 신'이라고 불린다.

어느 날, 화재로 한 공장이 전소全燒되는 사고가 일어났다. 그 공장의 책임자는 산요전기三洋電氣의 부사장 자리에 있다가 후에 마쓰시타로 옮겨 온 고토였다. 그는 틀림없이 파면 당하거나 강등 당할 것이라는 생각에 전전긍긍했다. 그런데 고토의 예상과는 달리 보고를 받은 마쓰시타는 단 한마디의 말만 할 뿐이었다.

"잘 좀 해보게!"

징계는 면했지만 양심의 가책을 느낀 고토는 마쓰시타에게 더욱 더 충성하면서 매사에 최선을 다했다.

마쓰시타는 사람의 심리를 잘 이해하고 이용할 줄 아는 사람이었다. 작은 잘못을 저지른 사람은 스스로 그것을 대수롭지 않게 여기기 때문에 이를 엄격하게 질책하여 다시는 그런 일이 없도록 주의를 줄 필요가 있었다. 반면에 커다란 잘못을 저지른 사람은 설사 바보라도 자기 잘못을 알고 반성할 줄 알 테니 굳이 야단을 칠 필요가 없었다. 이것이 바로 마쓰시타의 인재 관리 비결이었다.

작은 잘못에는 주의를 주어 큰 잘못이 일어나는 것을 사전에 예방하라. 큰 잘못이 발생했을 때는 그 손실을 되돌릴 수 없으니 기왕이면 관용을 배풀고 인심을 사는 것이 묘수이다.

101번 버스와 102번 버스

우리 집 앞길로 항구에서 기차역까지 가는 버스가 다닌다. 버스 노선이 짧아서인지 아니면 이 길을 다니는 사람이 적어서인지 버스 회사에서는 두 대의 버스만 배정해서 왕복 운행을 했다.

101번 버스와 102번 버스는 모두 부부가 운행했다. 버스를 이용하는 대부분의 승객들은 뱃사람들이었다. 주로 바닷가에서만 사는 사람들이다 보니 도시로 들어갈 때는 온 가족이 함께 가는 경우가 많았다.

101번 버스의 부인은 아이들의 표 값은 잘 받지 않았다. 심지어 한 부부가 여러 명의 아이들을 데리고 타는 경우에도 그녀는 못 본 척 성인 표 두 장만 받았다. 미안한 마음에 좀 큰 아이의 표 값이라도 지불할라치면 그녀는 웃으며 아이에게 말하곤 했다.

"다음번에 조개나 좀 가져다주렴. 이번에는 그냥 타고."

102번 버스의 부인은 그와는 정반대였다. 데리고 탄 아이가 좀 크면 제 값을 다 받고 아직 어린 아이는 반값을 받았다. 표 값을 받을 때마다 그녀는 항상 자신들도 차를 전세 낸 것이라 매달 버스 회사에 돈을 지불해야 하며 돈이 모자라면 얼마 안 가서 이 일을 하지 못하게 될 거라고 입버릇처럼 이야기했다. 뱃사람들도 이해하고 인원수대로 표를 샀기 때문에 매번 아무 탈 없이 조용히 지나갔다.

3개월 후, 102번 버스는 여주인의 말대로 정말 버스 운행을 하지 못하게 되었다. 아무도 102번 버스를 타지 않았기 때문이다.

약간의 인정미가 완벽한 똑똑함보다 더 쉽게 보답을 얻는다. 사람의 마음을 움직이는 것은 역시 사람의 마음이다.

요진의 볼펜

다음은 싱가포르의 유명한 작가 요진尤今이 경험한 이야기이다.

기자일 때 볼펜은 하루도 빠짐없이 늘 가지고 다니는 필수품이었다. 한 번은 동료에게 볼펜을 사다달라고 부탁하면서 나는 여러 차례 당부를 했다.

"검정색은 필요 없어. 명심해, 난 검정색 싫어해. 칙칙하고 스산한 느낌이 든단 말이야. 절대로 잊어버리면 안 돼. 열두 자루 전부 검정색은 절대 안 돼."

다음 날 동료가 전해준 볼펜 한 다스를 본 나는, 맙소사! 하마터면 기절을 할 뻔했다. 열두 자루 전부 검정색이었던 것이다. 동료에게 원망을 늘어놓았지만 그는 되레 당당하게 반박했다.

"네가 검정색, 검정색 하며 재차 강조했잖아. 하루 종일 바쁘게 보내고 녹초가 되어서 상점에 들어섰을 땐 머릿속에 가장 인상 깊은 두 마디밖에 생각나지 않더라. 열두 자루와 검정색. 그래서 검정색만 열심히 찾아서 사왔지, 뭐."

분명 그의 말도 일리가 있었기에 나는 아무 말도 할 수가 없었다.
그 때 내가 간단하고 분명하게

"나 대신 볼펜 열두 자루 좀 사다줘. 전부 파란색으로."

라고 말했더라면 동료는 틀림없이 잘못 사오지 않았을 것이다.

그날 이후 요진은 말할 때는 물론이고 글을 쓸 때도 항상 핵심을 찔
렀다. 글이든 말이든 절대로 의미 없이 빙빙 돌리지 않았다.

군더더기 없이 정확한 의미를 담고 말하면 만사 OK
다. 급할수록 여유를 갖고 차근차근 일을 진행해야만 불필요한 오해가 발
생하지 않는다. "바쁠수록 돌아가야 한다."

세계 최고의 세일즈맨

　세계 최고의 세일즈맨으로 불리는 조 지라드Joe Girard. 그는 15년 동안 13,001대의 자동차를 팔았으며 1년 동안 1,425대하루 평균 네 대를 판 기록을 가지고 있다. 이 성적은 기네스북에도 수록되어 있다. 이 놀라운 판매 비결은 무엇일까? 그의 이야기를 들어 보자.

　어느 날 한 중년 부인이 자동차 전시 판매장에 들어왔다.

　"실례합니다. 잠깐 구경 좀 하다 갈게요. 사실은 맞은편의 흰색 포드 자동차를 사러 나왔는데 그쪽 판매원이 한 시간 뒤에 다시 오라고 하는군요. 여기서 좀 기다렸다 가도 괜찮겠죠? 실은 오늘이 내 쉰다섯 번째 생일이라오. 자축하는 의미로 자동차를 사러 나온 거라오."

　"생일 축하드립니다! 부인."

　나는 축하 인사를 전하며 그녀에게 마음대로 구경하라고 했다. 그런 다음 나가서 잠시 일을 본 후 다시 돌아왔다.

　"부인, 기왕에 오셨으니까 저희의 투 도어 세단을 보여 드릴게요.

이 차도 흰색이랍니다."

그녀와 한참 이야기를 나누고 있는데 여비서가 장미 꽃다발을 들고 들어왔다. 나는 꽃을 부인에게 주며 말했다.

"부인, 건강하게 오래 사세요. 제가 드리는 생일 선물입니다."

뜻밖의 선물에 감동을 받은 부인의 눈가가 젖었다.

"오, 너무나 오랜만에 선물을 받아보네요. 그거 알아요? 맞은편 포드 자동차 판매원은 내가 낡은 자동차를 타고 온 걸 보고 새 차를 살 능력이 없을 거라고 생각한 게 틀림없어요. 내가 차를 보기 시작하자마자 수금하러 가야 한다기에 여기에서 그를 기다리기로 한 거죠. 사실 난 흰색 자동차면 돼요. 사촌 언니가 포드를 몰아서 나도 같은 걸로 사려고 했을 뿐 포드가 아니어도 상관없어요."

결국 부인은 우리 매장에서 시보레 한 대를 사서 돌아갔다. 게다가 전액 수표로 지불했다. 처음부터 끝까지 나는 그녀에게 포드를 사지 말고 시보레를 사라고 권한 적이 없다. 그녀는 우리 매장에서 따뜻한 존중을 받았기에 원래의 계획을 바꾸고 우리의 차를 선택한 것이다.

진심은 판매원의 제일 중요한 조건이고, 진심을 가지고 탐욕을 부리지 않는 것은 판매원의 첫 번째 준칙이다. 명심하라. 다른 사람과의 좋은 관계가 주는 이점은 당신의 주머니도 불룩하게 만들 것이다.

예외도 있다

아인슈타인은 평소에 인터뷰를 하거나 초상화의 모델에 응하는 것을 싫어했다. 그러던 그가 자진해서 딱 한 번 초상화의 모델이 된 적이 있었다.

어느 날 한 화가가 그의 초상화를 그리게 해달라고 간청했다. 하지만 그는 여느 때처럼 거절했다.

"안 돼요, 내게는 그럴 시간이 없습니다."

"선생님, 저는 이 그림을 팔아서 돈을 마련해야 합니다. 아주 절박한 상황이니 제발 이번 한 번만 선생님을 그리게 해주십시오."

화가가 무릎을 꿇고 간절하게 부탁했다.

"할 수 없군요."

아인슈타인이 곧 태도를 바꾸고는 이렇게 말했다.

"자, 어서 그리시오. 이렇게 앉으면 됩니까?"

"몸을 저 쪽으로 트세요."

아인슈타인의 철칙이 깨지는 순간이었다.

이 이야기는 두 가지 생각할 거리를 준다. 하나는 타인을 동정하는 아인슈타인의 훌륭한 인격이다. 또 다른 하나는 자신의 어려운 처지를 말한 화가의 솔직한 태도로, 이것이 번지르르한 말보다 사람의 마음을 감동시킨다.

윌리엄 1세와 방앗간

독일의 황제 윌리엄 1세William I 가 포츠담Potsdam에 지은 별궁 옆에는 낡은 방앗간이 하나 있었다.

어느 날 포츠담을 방문한 윌리엄 1세가 별궁의 전망대에 올라 시의 전경을 둘러보았는데, 그 방앗간이 시야를 가려 많은 부분이 보이지 않았다. 흥이 깨진 윌리엄 1세는 방앗간을 사서 철거해 버리려 했다. 순조로울 줄 알았던 계획은 뜻밖에도 방앗간 주인의 반대에 부딪쳤다.

"이 방앗간은 집안 대대로 물려 내려온 것이라 그 가치를 따질 수 없소. 나는 절대로 팔 수 없다고 황제에게 전하시오."

크게 노한 윌리엄 1세는 그 자리에서 방앗간을 철거해 버리라고 명령을 내렸다.

방앗간 주인은 조금도 두려워하지 않고 황제와 맞섰다.

"황제라는 자가 이처럼 제멋대로이니 법이 있으나 마나로군."

며칠 후 방앗간 주인은 최고 법원에 상소했다. 법원은 독일의 법률에 따라 윌리엄 1세에게 새로 방앗간을 지어 주고 주인에게 손해배상을 하라고 판결했다. 윌리엄 1세는 하는 수 없이 새로 방앗간을 지어 줄 수밖에 없었다.

세월이 흘러 윌리엄 1세와 방앗간 주인 모두 세상을 떠나고 주인의 아들이 방앗간을 물려받았다. 하지만 그는 가업을 제대로 잇지 못 하고 파산할 지경에 이르고 말았다.

예전 일을 떠올린 그는 황제인 윌리엄 2세에게 자기 아버지와 선황제인 윌리엄 1세의 교섭에 대한 내용을 적은 편지를 썼다.

편지를 읽고 감격한 윌리엄 2세는 친히 답장을 썼다.

"친애하는 이웃에게

당신의 방앗간은 우리나라 사법의 독립성과 공정한 재판의 상징입니다. 당신 개인에게만이 아니라 온 백성에게도 소중한 이 방앗간은 오랫동안 보전되어야 합니다. 당신은 최선을 다해 가업을 지키고 자손에게 대대손손 물려주시기 바랍니다.

지금 당신의 형편이 어렵다니 저의 안타까운 마음을 전하는 의미에서 빚을 갚을 수 있도록 6000마르크를 보내 드리오니 부디 유용하게 사용해 주십시오.

당신의 이웃 윌리엄."

방앗간 주인의 아들은 윌리엄 2세의 편지를 받고 다시는 방앗간을 팔겠다고 하지 않았다. 게다가 자손들에게 조상의 유산인 방앗간을 소중히 지키도록 당부했다.

이 방앗간은 지금까지 보존되어 있다.

국왕의 권력 자신의 천부적인 권리가 아니라 그가 국왕이기 때문에 부여되는, 그 국가의 국민이 수여하는 것일 뿐이다. 즉 내가 지닌 권력은 단지 내 지위에 부여된 것일 뿐, 모든 것을 제멋대로 할 수 있는 힘이 아니다. 이치에 맞게 행사하고 인정을 베풀 때는 아까워하지 말라. 오히려 당신의 가치는 올라갈 것이고 다른 사람들이 시선이 달라질 것이다.

하늘에서 우물 보기

스웨덴에서 만난 중국 유학생과 문제를 바라보는 시각의 변화에 대해 이야기를 나눈 적이 있다.

산동네에서 초등학교를 다닌 그의 비교 대상은 언제나 학교 친구들로 한정되어 있었다고 한다. 학교에서 일등을 하면 세계에서 일등을 한 것 같았고, 가장 부러운 친구는 도시에 친척이 있어서 육각형 연필을 갖게 된 친구였다. 당시 산동네 초등학교에서 쓰는 연필은 모두 질이 떨어지는 원통형 연필이었기에, 대부분의 학생들은 글씨가 까맣고 예쁘게 잘 써지는 육각형 연필 한 자루 갖는 것이 소원이었을 때였다.

성적이 우수했던 그는 도시에서 중학교를 다니게 되었다. 여러 촌의 우수한 학생들이 모인 곳이다 보니 더 이상 편안하게 일등을 할 수가 없었다. 전에 없던 질투심도 생겼다. 자기보다 잘난 친구들은 알고 보니 모두 육각형 연필을 가지고 공부해 왔다는 게 아닌가? 자신도 이

제 육각형 연필이 생겼지만 너무 늦었다. 하늘은 불공평하다. 하지만 질투가 원동력이 되어 몇 년 동안 열심히 공부하여 다시 일등을 하게 되었다. 그때의 유일한 불만은 좋은 만년필이 없다는 것이었다.

'세상은 여전히 불공평해. 어째서 난 좋은 만년필이 없는 거지?'

중학교를 졸업한 후 그는 베이징의 한 대학에 합격했다. 정말 이제 더 바랄게 없다고 생각했지만 뜻밖에도 1년도 지나지 않아 학업 성적은 밀려나 중간도 유지하기 힘들었다.

'왜 이렇게 된 거지?'

알고 보니 도시에서 공부한 학생들은 모두 좋은 연필과 만년필을 쌓아 놓고 공부했으며, 아침에는 우유와 계란을 먹고, 저녁에는 향기로운 과일을 먹으며 공부를 했던 것이었다. 그들의 부모는 번듯한 사무실에서 일하며 매달 적잖은 돈을 벌었다. 그들에 비하면 자신은 아침 식사로 나온 옥수수빵 하나도 아까워서 다 못 먹고 저녁까지 절반을 남겨놓았고, 부모님은 소나 말처럼 밭에서 일해도 1년에 얼마 벌지도 못하셨다. 그리고 오래지 않아 '문화대혁명'이 터졌다.

"지금 외국에 나와 직접 다양한 서양 사람들의 삶을 보니 질투, 열등감, 원망은 흔적도 없이 사라져 버렸어요. 아무리 해도 이해할 수가 없었죠.

'어째서 몇 십 년 동안 뱀처럼 나를 감싸고 떠나지 않던 감정들이 하루아침에 사라진 걸까?'

알고 보니 내 비교 대상에 변화가 생긴 거였어요. 이제 난 더 이상 내 학우, 동료, 이웃들이 아니라 세상을 보고 있었던 거죠. 이 광활하고 다양한 세상에서 우물 안에 앉아 하늘을 보며 투쟁을 벌여 봤자 아무것도 얻을 수 없음을 깨달았어요. 지난날 남과의 비교는 발전은커녕 뒷걸음질만 치게 만들 뿐이었어요. 초등학교부터 대학교까지 남들과 자신을 비교하는 습관은 변한 게 없고 비교 대상만 조금씩 다양해졌었어요. 그러다 넓은 세상에 나오자 그제야 민족, 국가, 역사, 미래 등을 볼 수 있게 된 거예요. 보세요 저는 이제 여기 스웨덴 학생들의 좋은 조건을 조금도 질투하지 않아요. 그 대신 역사적인 책임감을 더욱 느끼죠."

어떤 사람은 하찮은 일을 두고 싸움만 하고 어떤 사람은 서로 협력하여 넓은 세상을 향해 서서히 다가간다. 부모님의 유산 때문에 싸우는 친형제들이 많다. 이런 사람들은 첫째, 우물 밖의 세상을 볼 안목이 없다. 둘째, 자신이 사업을 할 능력이 없으며, 마지막으로 골육간의 정이 없는, 세상에서 가장 불쌍한 사람이다.

1등이 되고 싶어요

　매일마다 제일 일찍 학교에 도착하여 아무도 없는 빈 교실에 앉아 하루의 시작을 기다리는 초등학생 소녀가 있었다. 어느 날 등교 길에 만난 친구가 소녀에게 왜 매일 아침 그렇게 일찍 학교에 가느냐고 물었다. 그녀는 수줍게 웃으며 이유를 설명해 주었다. 학교 성적도 중간이고, 외모도 평범한 소녀는 형제 중에서도 가운데로 지금까지 한 번도 1등을 해본 적이 없었다. 그러던 어느 날 우연히 교실에 제일 먼저 도착한 소녀는 의도한 바는 아니었지만 '1등'의 기쁨을 만끽했다. 한 번 즐거움을 맛보자 다음번에 또 일등을 하고 싶은 기대감도 생겼다.

　길을 가며 친구에서 마음속에 간직해 온 작은 비밀을 털어 놓은 소녀에게서는 기대감과 기쁨으로 빛이 나는 듯했다. 교실에 가까이 다가갈수록 소녀의 심장은 흥분과 쾌감으로 부풀어 오르는데…… 뜻밖에도 소녀의 친구가 교실 문을 열고 쏜살같이 뛰어 들어갔다. 그는 고개를 돌려 그녀를 바라보며 승리자의 미소를 지어 보였다. 소녀는 눈물을 참으며 말했다.

"1등은 내 건데. 네가 어떻게……."

그녀는 더 이상 말을 이을 수 없었다. 그녀는 이 작은 1등조차 빼앗긴 것이다.

위의 글은 내가 어릴 적에 읽었던 글이다. 몇 살 때 읽었는지는 잊었지만 당시에 그 소녀의 심정을 충분히 공감했던 기억이 난다. 나도 1등과는 무관한 사람이었다. 심지어 집안 어른들이 정한 등교 시간 때문에 나는 1등으로 학교에 도착하는 기분조차 느껴 볼 기회조차 없었다.

어른이 되자 1등은 여러 곳에 존재한다는 사실을 알게 되었다. 누군가는 학교에서 1등을 차지하고, 누구는 직장에서 1등을 하고, 심지어 연인의 곁에 달라붙어 "당신이 가장 사랑하는 사람이 나죠?"라고 다짐을 받는 사람도 있었다.

내 친구 린은 나와는 정반대인 사람이다. 그는 열정적으로 실력을 발휘할 줄 아는 넘치는 재능의 소유자였다. 항상 사교계에서 사람들의 시선을 끌고, 그를 아는 사람들은 누구나 그의 열정을 인정했다. 그는 젊은 친구들과 교류하면서 창의력을 키우고, 주변에 어려움을 겪는 친구들에게 적극적으로 관심을 보였다. 그는 적막하고 냉랭한 삶의 터전에 기꺼이 사랑과 관심을 베푸는 사람이었다.

최근에 그가 여자 친구를 사귄다는 소문을 들은 나는 저도 모르게 그에게 빈정댔다.

"그럼 이제 난 네 마음속에서 몇 번째냐?"

"너? 첫 번째."

나는 믿을 수 없다는 표정으로 그를 바라보며 다시 물었다.

"그게 말이 되냐? 거짓말하지 마."

그가 간교하게 웃으며 말했다.

"당연히 첫 번째이지. 단지 항목이 다를 뿐이야."

나는 허리를 잡고 웃었다. 그의 교활함을 탓해야 할지 그의 기지에
탄복해야 할지 모르는 채 그저 웃을 수밖에 없었다.

한 사람이 다양한 항목에서 모두 첫 번째를 차지할
수는 없다. 사실 1등을 하는 것은 쉽다. 문제는 당신이 역할을 바꾸기를
바라느냐에 달려 있다. '다른 항목'을 원하기만 하면 누구나 1등이 될 수
있고 세상에 존재하는 명분을 알 수 없는 분쟁도 줄어들 것이다. 이것도
괜찮은 방법 아닌가?

형편없는 닭

전도사를 미워하는 양계장 주인이 있었다. 그는 전도사들을 언행이 일치하지 않는 사람들이라고 생각했기 때문이다. 진실을 밝힌다는 정의감으로 양계장 주인은 시도 때도 없이 전도사들에 대한 험담을 늘어놓았다.

하루는 두 명의 전도사가 닭을 사러 왔다. 장사하는 입장에서 손님을 내쫓을 수도 없었던 주인은 불쾌한 기분을 참으며 그들에게 직접 닭을 고르게 했다. 두 전도사는 꽤 큰 양계장에서 한참을 고르고 고르더니 털이 다 빠지고 다리를 저는 형편없는 닭을 골랐다. 이상하게 여긴 주인이 전도사들에게 왜 하필 이런 닭을 골랐는지 물어보았다.

"저희는 이 닭을 가지고 수도원에 돌아가 수도원 마당에서 키울 생각입니다. 사람들에게 이 닭을 당신 양계장에서 사왔다고 선전할 겁니다."

깜짝 놀란 주인은 손을 저으며 말렸다.

"안 돼요, 안 돼! 우리 양계장의 닭들을 좀 보세요. 전부 다 예쁘고 살이 포동포동하게 쪘지 않았습니까? 어찌된 일인지 이 녀석만 하루 종일 싸움을 걸다가 이런 모양이 된 거란 말입니다. 그런데 당신들이 이 녀석을 가져다가 우리 양계장의 대표로 삼으면 모두들 우리 닭이 다 이런 줄 알 거 아닙니까. 그런 불공평한 경우가 어디 있습니까?"

전도사가 웃으며 말했다.

"맞아요. 하지만 당신도 몇몇 품행이 나쁜 전도사들과 우리들을 다 똑같은 취급하지 않았습니까? 우리로서도 너무 불공평한 일 아닙니까?"

양계장 주인은 그제야 자신의 잘못을 깨달았다.

우리는 다른 사람들이 우리의 한 면만 보고 전체를 평가하는 것을 바라지 않는다. 그렇다면 우리도 다른 사람을 그렇게 평가해서는 안 된다. 부분과 전체를 동일시하는 것은 위험하다. 마음을 넓게 가져야 다양한 시각이 생긴다. 사람이든 사물이든 전체를 보도록 노력하라.

대머리 치료법

동베를린의 공군 클럽에서 공군 영웅들을 초대해 파티를 연 날이었다. 젊은 사병이 술을 따르다 실수로 장군의 대머리에 쏟고 말았다. 순식간에 사병들은 깜짝 몸이 굳었고 파티 장에는 무거운 침묵만이 감돌았다.

하지만 장군은 아무렇지도 않다는 듯이 가볍게 사병의 어깨를 두들기며 말했다.

"이보게, 자네도 술로 대머리를 치료한다는 말을 믿나?"

말이 끝나자마자 파티 장에는 커다란 웃음소리가 터져 나왔다. 사람들을 팽팽하게 긴장시켰던 분위기도 다시 느슨해졌다.

관용을 베푸는 넓은 가슴과 유머감각은 사교 장소에서 반드시 필요한 소질이며, 긴장을 완화하는 도구다.

사랑의 시험

베트남 전쟁에 참전했던 한 사병에 관한 이야기이다.

전쟁이 끝나고 자국으로 돌아간 병사는 샌프란시스코San Francisco에서 부모님께 전화를 걸었다.

"아버지, 어머니, 저 이제 집으로 돌아가요. 그런데 부탁드릴 게 하나 있어요. 친구 한 명을 데리고 가도 될까요?"

"물론이지, 네 친구를 만나면 무척 반가울 것 같구나."

아버지가 대답했다.

"그런데요, 아버지. 그 친구가 전쟁에서 중상을 입었어요. 지뢰를 밟아서 팔 하나와 다리 하나를 잃어버렸죠. 오갈 곳 없는 불쌍한 친구예요. 그래서 말인데, 우리 집에서 우리와 함께 살았으면 해요."

"그래……. 그것 참 안됐구나. 그런데 애야, 우리 집은 좀 그렇고……. 차라리 그 애가 머물 만한 곳을 찾도록 도와주마."

"아니오, 저는 우리와 함께 살았으면 좋겠어요." 아들은 고집을 꺾지 않았다.

"애야, 장애인과 함께 산다는 게 얼마나 큰 부담이 될지 모르겠니? 난 그로 인해 우리 가족의 삶이 방해받는 걸 원치 않는다. 안된 일이 긴 하나, 그 친구는 남겨 두고 어서 집으로 오너라. 네가 아니어도 그는 잘 살아갈 수 있을 거야."

아들은 대답도 하지 않고 전화를 끊어 버렸다.

그 뒤로 아버지는 아들의 소식을 듣지 못했다. 그러던 어느 날, 샌프란시스코의 경찰서에서 전화가 걸려 왔다. 부모는 아들이 고층 빌딩에서 뛰어내렸고, 자살로 추정된다는 청천벽력과 같은 소식을 들었다. 절망에 빠진 부모는 샌프란시스코 행 비행기를 타고 병원의 시신 보관실로 갔다. 그곳에서 그들은 한쪽 팔과 한쪽 다리를 잃어버린 채 주검이 된 아들을 보고 통한의 눈물을 흘려야 했다.

아들의 사랑의 시험을 이기적인 부모는 통과하지 못했다. 타인의 아픔까지도 나누고 포용할 수 있는 태도가 필요하다. 그것은 사람의 마음을 얻기 위한 필수 조건이다.

마지막 1달러

20년 전 진눈깨비가 흩날리고 북풍이 몰아치던 겨울이었다. 고등학교를 갓 졸업한 나는 유명한 음악 프로그램의 진행자가 될 꿈을 안고 혼자 녹스빌Knoxville로 왔다. 가진 것이라고는 음악에 대한 열정밖에 없었다.

여기저기 도전을 해보았지만 퇴짜를 맞는 날이 계속되었고, 한 달 뒤에는 가지고 있던 돈마저도 거의 다 떨어져 버렸다. 다행히 슈퍼마켓에서 일하는 친구가 유통기간이 지난 식품들을 몰래 가져다줘서 간신히 하루하루를 버틸 수 있었다. 결국 주머니에 1달러밖에 남지 않은 상황이 오고야 말았다. 하지만 나는 그 돈을 아까워서 쓸 수가 없었다. 그 돈은 평범한 1달러가 아니라 내가 좋아하는 가수의 친필 사인을 받은 돈이었던 것이다.

어느 날 새벽, 길을 가던 나는 주차장에 세워져 있는 낡은 차 안에 어떤 남자가 앉아 있는 것을 보았다. 다음날도 자동차는 같은 자리에 주차되어 있었다. 그 남자는 나를 볼 때마다 온화한 미소를 지으며 손을 흔들어 보였다. 그를 볼 때마다 이렇게 눈보라가 치는 날에 차 안에서 무엇을 하는 건지 참으로 궁금했다.

셋째 날 새벽, 그의 자동차 곁을 지나가는데 그 남자가 차창을 내리고 말을 걸었다. 나는 걸음을 멈추고 그와 잡담을 나누었다. 녹스빌에 직업을 구하러 온 그는 예정보다 3일이나 일찍 도착해서 즉시 일을 할 수가 없었다는 것이다. 가지고 있는 돈도 없어서 차 안에서 먹지도 마시지도 않으며 버티는 중이었다. 잠시 우물쭈물하던 그는 얼굴을 붉히며 어렵게 말을 꺼냈다.

"이보게 젊은이, 나중에 갚을 테니 요기나 하게 1달러만 빌려줄 수 있겠나?"

하지만 나도 제 한 몸 추스르기 어려운 형편이었다. 나는 곤란한 상황을 설명하고는 차마 그의 실망한 표정을 볼 수 없어서 그 자리를 떠났다. 그 순간 주머니에 있는 1달러가 생각났다. 한동안 망설였지만 마침내 결심한 나는 차로 돌아가 그에게 1달러를 건넸다. 그의 두 눈이 갑자기 반짝였다.

"누군가 돈에 낙서를 잔뜩 해놨네."

그는 그 글씨가 친필 사인이라는 것을 알아차리지 못했다. 그날 나는 소중했던 그 1달러를 될 수 있는 한 생각하지 않으려 했다.

그날 이후로 내게 행운이 찾아왔다. 바로 그날 아침 방송국에서 프로그램을 녹화하자는 연락이 온 것이다. 정식으로 프로그램 진행자가 되자 더 이상 먹을 것도, 입을 것도, 잠잘 곳도 걱정할 필요가 없었다.

월급도 500달러나 되었다. 이후 나는 성공 가도를 달리기 시작했다.

　그 뒤로는 그 자동차와 이름 모를 남자를 만나지 못했다. 때때로 그 사람이 정말 거지였을까 하는 궁금증이 들기도 한다.

　'혹시 하늘에서 보낸 천사는 아니었을까?'

　어쨌거나 분명한 사실은 그때가 내 인생에서 가장 중요한 시험들 가운데 하나였으며, 난 그 시험을 통과했다.

다른 이에게 도움을 주는 것은 큰 미덕이다. 하지만 진정한 시험은 것은 자신에게 남은 소중한 마지막 1달러를 희생할 수 있는 가이다. 자신의 이익을 희생하고 다른 사람을 돕는 사람은 분명 드물다.

초심을 잃지 않다

일본의 명문 대학 졸업생이 대기업의 신입 사원 모집에 지원했다.
그가 면접을 볼 때였다. 청년의 얼굴을 주시하던 사장이 뜻밖의 질문
을 던졌다.

"자네는 부모님을 목욕시켜 드린 적이 있나?"

"한 번도 없습니다."

"그럼, 부모님을 위해 안마를 해 드린 적은 있나?"

잠시 기억을 더듬던 청년이 대답했다.

"있습니다. 제가 초등학교에 다닐 때였습니다. 그때 어머니께서 제
게 용돈도 주셨던 기억이 납니다."

대화를 나누며 사장은 그에게 아직 희망이 있으니 실망하지 말라
는 알쏭달쏭한 말을 했다. 면접을 끝낸 청년이 자리를 뜨려 할 때 사
장이 갑자기 그를 불러 세웠다.

"내일 이맘때 다시 한 번 오게나. 하지만 조건이 있네. 내일 다시 오

기 전에 부모님을 한 번 씻겨 드리고 오게나. 할 수 있겠나?"

청년은 그렇게 하겠다고 답했다.

대학까지 졸업했지만 청년의 가정 형편은 매우 어려웠다. 그가 태어난 지 얼마 되지 않아 아버지가 세상을 뜨자 그때부터 그의 어머니는 다른 사람들 일을 대신하며 필사적으로 돈을 벌었다. 똑똑했던 아이는 자라서 도쿄東京의 명문 대학에 합격했다. 학비가 무척 비쌌지만 그녀는 조금도 불평하지 않고 계속 남의 일을 하며 그를 뒷바라지했다. 그녀는 오늘날까지도 일손을 놓지 않았다. 어머니는 밖에서 일하시니 발이 분명 더러울 거라 생각한 청년은 어머니의 발을 씻겨 드리기로 결정했다.

집으로 돌아온 어머니는 아들이 발을 씻겨 주려 하자 매우 이상하게 여겼다.

"발은 나 혼자 씻어도 된단다."

청년이 자초지종을 설명하자 어머니는 아들의 요구대로 자리에 앉아 세숫대야에 발을 담갔다. 청년은 오른손으로 수건을 들고 왼손으로 어머니의 발을 움켜쥐었다. 그제야 그는 어머니의 두 발이 이미 나무토막처럼 딱딱하게 굳은 것을 알아차렸다. 그는 자신도 모르게 어머니의 발을 끌어안고 눈물을 줄줄 흘렸다. 그동안 공부를 하면서 마음 편하게 받아썼던 학비와 용돈이 어머니의 피와 땀으로 모은 돈이었다는 사실을 그제야 뼈저리게 느낀 것이다.

다음날 청년은 약속대로 회사를 찾아가 사장에게 말했다.

"이제야 어머니가 저를 위해 얼마나 고생을 많이 하셨는지 알게 되었습니다. 사장님은 학교에서 배우지 못한 도리를 가르쳐 주셨습니다. 정말 감사드립니다. 사장님이 아니었다면 저는 어머니의 발을 평생 잡아보지 못했을 것입니다. 가족이라고는 어머니밖에 없습니다. 이제 어머니를 잘 돌봐드려서 더 이상 고생하시지 않도록 잘 모실 겁니다."

사장은 고개를 끄덕이며 말했다.

"내일부터 출근하게나."

자신을 위해 가장 많은 것을 희생하는 가족을 무심하게 내버려 두는 사람에게서는 진정한 보답을 기대할 수 없다. 그는 다른 사람에게 관심을 기울이지 않는 사람이다. 자신의 주변을 다시금 돌아보고 내 가슴에 빈 곳을 채워라.

어느 부부의 이야기

선선한 가을날의 황혼黃昏이었다. 방금 전에 남편과 다툰 나는 땀으로 흠뻑 젖어 엉망이 된 머리를 하고 정원의 입구에 서서 바람을 쐬고 있었다.

"이쪽으로 와! 성질 나쁜 여편네 같으니라고!"

남편이 손바닥 선풍기를 들고 방에서 나왔다. 더 이상 성질을 부리기도 민망해진 나는 의자를 당겨와 순순히 남편 옆에 앉았다. 이렇게 앉아 아무 말 없이 정원 가득 핀 꽃을 바라보다 보니 마음속의 원망이 사그라졌다.

"어쩌면 몇 십 년 후의 어느 저녁에, 오늘 같은 저녁에 말이야, 당신 혼자 앉아 있을 때 지금 이 순간이 떠오를지도 몰라."

한참 동안 침묵을 지키던 남편이 갑자기 이상한 말을 했다. 게다가 그의 목소리에서 숨기지 못한 슬픔이 배어나왔다.

"그럼 당신은?"

손에 들고 있던 선풍기를 끄고 남편은 나를 바라보며 웃었다. 손으로 내 머리를 정리해 준 뒤 선풍기를 다시 켠 남편이 한참 후에 대답했다.

"당신보다 먼저 세상을 떠났겠지."

단호하고도 평안한 목소리였다. 나는 갑자기 아무 말 없는 남편 마음속의 애석한 감정을 이해했다. 마치 개구쟁이 아이가 자신이 저지른 잘못의 결과를 깨달은 것 같았다. 만약 하느님이 정말 나를 벌하신다면 몇 십 년 뒤 나는 홀로 이 정원의 꽃을 바라보게 될 것이다.

'천 년 후 언제 다시 남편과 만날 수 있을까?'

불가에서는 오백 년을 수행해야 같은 배를 탈 수 있고 천 년을 수행해야 부부가 될 수 있다고 말한다.

어째서 항상 내가 가장 사랑하는 사람에게 아무렇지도 않게 상처를 주는 것일까? 이 사람만이 언제나 나를 용서해 주기 때문이리라. 하지만 한편으로는 이 사람이 영원히 나를 배반하지 않을 것을 알기 때문에 나는 평생 그를 중시하지 않았다.

남편의 말처럼, 정말 그런 날이 온다면 나는 어떻게 정원 가득 피어 있는 예전 그대로의 꽃을 바라보게 될까······.

얻기 힘든 이 세상의 인연을 소중하게 아껴라. 지금은 사소한 일도 장래 당신이 혼자 고독할 때 소중한 추억이 될 수 있다.

사랑이란

어떤 사람이 병원에서 두 가지 조사를 했다. 하나는 중환자 병동에서 죽음을 눈앞에 둔 사람이 생의 마지막 순간에 가족들에게 무엇을 당부하는지 여부였다.

"10만 위안한화로 약 1820만 원만 더 벌었더라면."

"조금 더 승진했더라면"

이라고 말하는 사람은 단 한 명도 없었다.

"내 집과 자동차를 잘 돌봐주게."

라고 말하는 사람도 없었다. 대부분의 사람들은

"어머니를 잘 보살펴 드려라."

"아이들을 잘 돌봐주게."

라고 말했다. 아직도 돈을 생각하는 사람은 거의 없었고 모두 가족의 사랑을 생각했다.

다른 한 가지는 산부인과에서 조사를 했다. 신생아를 두 조로 임의로 나누고 첫 번째 조는 아이를 안고 하루 세 번 10분 동안 쓰다듬어 주었다. 반대로 두 번째 조의 아이는 전혀 안아주지 않았다. 결과는 놀라왔다. 첫 번째 조 아이들의 체중 증가 속도가 두 번째 조보다 두 배나 빨랐던 것이다.

두 가지 조사는 사람들이 세상에 태어나서 가장 필요한 것은 바로 사랑이라는 점을 증명해 준다. 하지만 안타깝게도 많은 사람들이 세상과 작별할 때에 그 점을 깨닫는다.

인생의 내용은 풍부하고 다채롭다. 하지만 그 중의 핵심을 이해한다면 본말이 전도되는 어리석은 짓을 저지르지 않을 것이다. 당신의 인생에서 무엇이 중요한가? 사랑인가? 아니면 돈인가?

총리의 모친

태국 총리 추앙 리 파이의 86세 된 모친 추앙 메이는 아들이 총리가 되었어도 여전히 길거리에서 음식을 팔았다. 천성적으로 게으른 것을 참지 못하는 그녀는 고령에도 불구하고 방콕의 한 시장에서 가판을 벌이고 두부와 빵 등을 팔았다.

"아들이 총리이면 아들이 출세한 거지 내가 가판을 하는 것과는 아무 상관없어. 체면 따위가 뭐가 중요하다고. 나는 노점에서 일하는 게 좋아. 친구들도 다 여기 있는 걸."

그녀는 퇴근한 아들이 자신이 직접 만든 두부를 게 눈 감추듯 먹어 치우는 모습을 보면서 가장 행복해 했다.

태국의 한 방송에서 그녀를 칭찬했다.

"서민 계층의 평범한 어머니가 성실하고 정직함으로 이름난 존경받는 총리를 가르쳤다."

그녀는 기자 앞에서 겸손하게 말했다.

"저는 사실 아무것도 안 했어요. 그 애가 어렸을 때 성실하고 근면하며 겸손하라고 가르친 것밖에 없답니다. 저는 그 아이를 한 번도 야단친 적이 없어요. 하긴 그 애가 나를 실망시킨 적도 없네요."

자식이 잘되길 바라는 것은 세상 모든 부모의 공통된 바람이다. 모든 아이들은 부모의 교육에 영향을 받고 성장한다. 총리의 어머니처럼 자식을 가르친 어머니가 몇이나 될까? 얼마나 많은 어머니가 아들이 성공한 후 그 혜택을 보지 않고 평범하게 살아갈 수 있을까?

어느 여학생의 됨됨이

외모도 성적도 평범한 전문학교 여학생이 있었다. 어느 날 어머니가 불치병에 걸렸다는 소식을 들은 그녀는 병원비에 조금이라도 보탬이 되려고 두 달 간의 여름방학 동안 돈을 벌기로 했다.

그녀가 면접을 보러 간 회사는 한국인이 경영하는 곳이었다. 한국인 사장은 그녀의 이력서를 한참 들여다보더니 무표정한 얼굴로 그녀에게 불합격을 통보했다. 마땅한 이유도 듣지 못했다.

면접 결과에 낙심한 그녀는 그 자리에서 한동안 일어날 수 없었다. 병석에 누워 계신 어머니의 얼굴이 눈앞에 아른거렸다. 마음이 급해졌다. 서둘러 다른 곳을 알아봐야 했다.

그녀는 자신의 서류를 받아들고 자리에서 일어섰다. 의자를 짚은 손바닥에서 따끔한 통증을 느꼈다. 그녀에의 손에서 붉은 피가 흘렀다. 의자의 못이 튀어나와 있음을 몰랐던 것이다. 행여나 다른 사람이 또 다칠까 염려된 그녀는 테이블 위의 문진(文鎭)으로 못을 눌러 평평하게 만들고는 자리를 떠났다.

몇 분 뒤, 사장이 보낸 사람이 그녀를 쫓아와 채용을 통보해 주었
다.

사랑을 받으며 자란 사람은 사랑으로 보답할 줄 안
다. 하기 힘든 일을 할 때 사랑의 힘이 더욱 증명된다. 자신과 상관없는
일에도 다른 사람에게 관심을 보이고 친절을 베푸는 사람은 틀림없이 성
공적인 사랑과 교육을 받았을 것이다.

물고기는 상관해요

폭풍우가 지나간 다음날 새벽, 한 남자가 해변을 산책하고 있었다. 해안가를 따라 걷던 그는 모래사장의 물구덩이마다 간밤에 폭풍우에 휩쓸려 올라온 물고기들을 발견했다. 그 물고기들은 얕은 물구덩이에 갇혀 바다가 지척에 있음에도 돌아가지 못하고 있었다.

갇혀 있는 물고기는 수백, 아니 수천 마리는 되어 보였다. 얼마 후면 물구덩이의 물은 모래에 흡수되거나 태양에 증발되어 물고기들은 모두 죽고 말 것이었다. 남자는 산책을 계속했다. 그 때 한 소년이 쉴 새 없이 물구덩이 옆에서 허리를 숙이며 천천히 걸어가고 있는 모습이 보였다. 아이는 물고기를 주워 힘껏 바다로 던지고 있었다. 남자는 멈춰 서서 소년의 행동을 유심히 지켜보았다. 얼마의 시간이 흐르고 보다 못한 그가 소년에게 다가갔다.

"애야, 물구덩이에 수백, 수천 마리의 물고기가 있어. 네가 다 구할 수는 없단다."

"저도 알아요."

"그런데 그걸 알면서도 계속 물고기를 던지는 거야? 누가 상관한다고?"

"이 물고기는 상관해요."

소년은 대답하는 동시에 물고기 한 마리를 바다로 던졌다.

"이 물고기도, 이 물고기도 상관해요. 그리고 저기 저 물고기도, 저 물고기도……."

숨을 쉬는 모든 생명체들은 하나같이 소중하다. 불가佛家에서는 미물微物의 생명도 인간의 것처럼 모두 소중하다고 가르친다. 살아 숨 쉬는 모든 것들은 그 존재의 이유가 있다. 그것들이 모여서 세계를 이룬다. 어느 하나 중요하지 않은 것이 없다. 혹, 당신은 지금 개미 한 마리를 밟고 있지는 않은가?

왼손과 오른손의 비밀

초등학교에서 있었던 일이다. 수업 중에 선생님의 질문에 언제나 손을 드는 학생이 있었다.

하지만 선생님이 그의 이름을 부르면 아이는 대답을 하지 못해 다른 아이들의 비웃음을 샀다. 어느 날 선생님이 그 아이를 불러 이유를 물었다.

"사실은요, 만일 선생님이 질문을 했을 때 손을 들지 않으면 친구들이 수업이 끝난 후 바보라고 놀려요. 그래서 모르는 문제도 전부 손을 들었던 거예요."

"그랬구나. 그럼 선생님이랑 약속을 하나 하자. 정말로 아는 문제는 왼손을 높이 들고 잘 모르는 질문은 오른손을 드는 거야. 이건 우리끼리만 아는 비밀이다. 알았지?"

시간이 흐르자 아이의 자랑스러운 왼손이 자주 올라가게 되었다. 갈수록 선생님의 질문에 대답을 잘하게 되자 친구들의 비웃음에 의

기소침해질 뻔했던 아이는 우수한 학생이 되었다.

아이는 부모와 선생님, 그리고 주변 사람들의 관심을 받으며 자란다. 관심은 사람을 발전시키는 중요한 힘이다. 물질적인 도움을 주는 것도 중요하지만, 한 사람이 자립할 수 있도록 돕는 것이 필요하다. 당신의 작은 관심이 세상을 긍정적으로 변화시킬 수 있다. 좋은 일을 배가 된다고 하지 않던가.

감싸 안기

미국 동부의 명문 대학에서 있었던 일이다. 미국뿐 아니라 세계적으로 유명한 이 대학에 입학하려면 성적이 평균 90점 이상이 되어야 했다.

과목당 학비는 일반 가정의 한 달 수입과 맞먹었고 학생들은 학교명이 새겨진 티셔츠를 입고 자랑스럽게 거리를 활보했다.

하지만 이 대학에는 이런 명성에 걸맞지 않는 심각한 문제가 있었다. 학교 부근에 치안 상태가 극도로 나쁜 빈민가가 있었던 것이다.

장난꾸러기 아이들은 학교의 유리를 깨기 일쑤였고, 학생들의 자동차 도난 사건이 이어졌다. 심지어 여학생 강간 사건까지 벌어지곤 했다 밤에 강도를 만나는 일쯤은 이제 더 이상 뉴스거리도 아니었다. .

"이렇게 훌륭한 학교 주변에 어떻게 이런 형편없는 이웃이 있는 거죠?"

분노한 이사회에서 '말도 안 되는 이웃을 쫓아내자!'는 제안을 만장일치로 통과시켰다.

방법은 매우 단순했다. 학교의 재력으로 빈민 지역의 모든 땅과 건물을 사들여 학교 교정으로 바꾸는 것이었다.

교정이 넓어졌다. 하지만 문제는 해결되지 않았을 뿐더러 오히려 더 심각해졌다. 빈민들은 살던 곳에서 쫓겨나 이사를 갔지만 바깥으로 좀 더 이동했을 뿐 여전히 푸른 잔디를 경계로 하여 학교와 맞닿아 있었다. 오히려 교정이 넓어지자 관리는 배로 힘들어지고 치안은 더욱 형편없어졌다. 해결책을 찾지 못한 이사회는 현지의 경찰과 대책을 함께 강구했다.

"이웃과 잘 지낼 수 없다고 그들을 쫓아내거나 자신을 봉쇄하는 것은 좋은 해결책이 아닙니다. 그들을 이해하고, 소통하여 좋은 방향으로 이끄는 것은 어떻겠습니까?"

경찰의 제안에 이사들은 서로를 바라보며 허탈한 웃음을 지었다. 세계에서 가장 유명한 대학의 이사들이 교육의 기능을 잊었던 것이다.

대학들이 변하기 시작했다.

각 대학들이 일반인 교육 프로그램을 개설하고, 소속 대학원생들을 빈민 지역으로 보내 탐방 조사를 하게했다.

또한 교육 기자재를 인근 학교에 기증했으며, 취업 지도도 실시했다. 또한 주변 학교에 운동장을 만들어 청소년들이 사용할 수 있게 했다.

몇 년 후, 이 학교의 치안 환경은 대대적으로 개선되었으며 인근의 빈민 지역도 눈에 띄게 발전했다.

상생의 방법은 생각보다 멀리 있지 않았다.

교육은 정신적, 물질적인 빈부 격차를 줄이는 가장 근본적인 방법이다. 당신과 차이가 나는 이웃과 평화롭게 지내기 위한 가장 좋은 방법은 바로 그들을 돕고, 좋은 영향을 미치는 것이다.